하루 10분의 기적,
아이들이 달라졌다

하루 10분의 기적, 아이들이 달라졌다
1000일 루틴이 만든 작고 확실한 변화

초 판 1쇄 2025년 08월 26일

지은이 고동성
펴낸이 류종렬

펴낸곳 미다스북스
본부장 임종익
편집장 이다경, 김가영
디자인 임인영, 윤가희
책임진행 안채원, 이예나, 김요섭, 김은진

등록 2001년 3월 21일 제2001-000040호
주소 서울시 마포구 양화로 133 서교타워 711호
전화 02) 322-7802~3
팩스 02) 6007-1845
블로그 http://blog.naver.com/midasbooks
전자주소 midasbooks@hanmail.net
페이스북 https://www.facebook.com/midasbooks425
인스타그램 https://www.instagram.com/midasbooks

ⓒ 고동성, 미다스북스 2025, *Printed in Korea.*

ISBN 979-11-7355-377-6 03810

값 18,500원

※ 파본은 구입하신 서점에서 교환해드립니다.
※ 이 책에 실린 모든 콘텐츠는 미다스북스가 저작권자와의 계약에 따라 발행한 것이므로 인용하시거나 참고하실 경우 반드시 본사의 허락을 받으셔야 합니다.

미다스북스는 다음세대에게 필요한 지혜와 교양을 생각합니다.

1000일 루틴이 만든 작고 확실한 변화

하루 10분의 기적,
아이들이 달라졌다

고동성 지음

미다스북스

프롤로그
두 번의 실패, 그리고 교실의 변화 ·· 7

1장 학급 루틴 : 하루 10분의 기적, 교실을 다시 숨 쉬게 하다

1 선생님은 연예인이 아니다 ·· 21
2 하루 10분, 교실을 찾아온 단호한 변화 ······················· 23
3 얘들아! 나는 오늘 행복한 학생이야! ··························· 42
4 기록을 덜어낼수록 기억은 짙어진다 ··························· 46
5 2만 원으로 인생을 사는 법 ·· 53
6 매일 조금씩 꿈에 닿아가는 교실 ································ 56

2장 학급 운영 : 교단 앞 작은 세계를 움직이는 법

7 줄 서는 모습만 봐도 알 수 있다 ································ 67
8 그래, 그래서 어떻게 할 건데? ···································· 70
9 단 5분, 교실이 달라지다 ··· 73
10 더도 말고 덜도 말고 마이쮸 한 봉지 ························· 79
11 바로 그날, 아이들은 인생의 값진 경험을 쟁취했다 ······ 84
12 아이들 마음에 질서가 깃들 때까지 ···························· 94
13 한계를 넘는 순간 성장은 시작된다 ···························· 97

3장 수업 태도 : 아이들을 단숨에 사로잡은 노하우, 그 숨겨진 비밀

14 우리 반 선생님은 손을 내리고 있지 않으면 아무것도 안 해 ···· 103
15 수업 시간 몰입도를 높인 '한 문장' ································ 107
16 침묵, 교실을 바꾸는 가장 강력한 도구 ··························· 110
17 목소리를 낮추자 교실이 숨죽였다 ································· 114
18 아이들을 움직이는 본능의 힘 ······································ 119
19 파블로프가 알려 준 교실 관리의 법칙 ···························· 122
20 모든 학생이 완벽할 수 있을까? ···································· 126

4장 교사 마인드셋 : 선생님이 곧 교실이다

21 수요일이 기다려지는 교실 ·· 131
22 모두가 가진 두려움 앞에 교사는 매일 선다 ····················· 133
23 선생님의 존재 자체가 교육이다 ···································· 137
24 아이들은 실수가 아닌 태도를 기억한다 ·························· 140
25 도달할 수 없는 목표에 도달하는 방법 ···························· 143

5장 **퍼스널 루틴**: 아이들의 미래는 선생님의 오늘에서 시작된다

26 걷기, 커피, 그리고 책이 만드는 하루의 기적 ········· 149

27 MBTI P의 J화, 메모장에 담겨 있는 하루 ········· 153

28 나의 목표는 '가장 싫어하는 선생님' ········· 162

29 국밥 한 그릇, 막걸리 한 병에 담긴 위로 ········· 166

30 얘들아, 선생님도 매일 꿈을 향해 다가간단다 ········· 168

에필로그

마음만으로는 아무것도 변하지 않는다 ········· 170

일러두기

본문에 등장하는 모든 아이들의 이름은 가명으로 표기하였습니다.

프롤로그

두 번의 실패,
그리고 교실의 변화

    2021년 대학교 4학년. 첫 임용고시를 준비했다. 목표는 서울 임용 합격이었다. 물론 암기량이 매우 많은 임용고시지만 강남권 중학교, 강남권 고등학교에서 암기과목의 도움으로 전교 10등 안에 든 경험이 있었기에 나름대로 자신이 있었다. 1년간의 공부 후 당당하게 지원했다. 하지만 당연하다는 듯이 떨어졌다. 사실 떨어진 것은 충격도 아니었다. 자신감만큼 공부하지 않았기 때문이다. 이것이 2022년 첫 번째 실패다.

    그렇게 다른 친구들은 임용고시 2차를 준비할 때 기간제 교사를 준비했다. 보기 좋게 합격했다. 하지만 더욱 비극적인 두 번째 실패가 시작됐다.

3월 2주 차

아이들에게 아침 시간, 점심시간 노래를 틀어줬다. 그랬더니 아이들이 아침 활동 시간에 춤을 추기 시작했다.

3월 3주

'아이들이 신나야 공부에 집중할 수 있겠다.'라는 신념을 가지고 대부분의 수업을 게임 수업으로 진행했다. 그랬더니 아이들이 수업 시간에 시도 때도 없이 떠들기 시작했다.

3월 4주 차

아이들은 점점 자신의 권리를 요구하기 시작했다.

4월 1일 : 만우절

만난 지 한 달도 안 된 아이들이 벌써 선생님을 놀릴 만우절 장난을 준비했다.

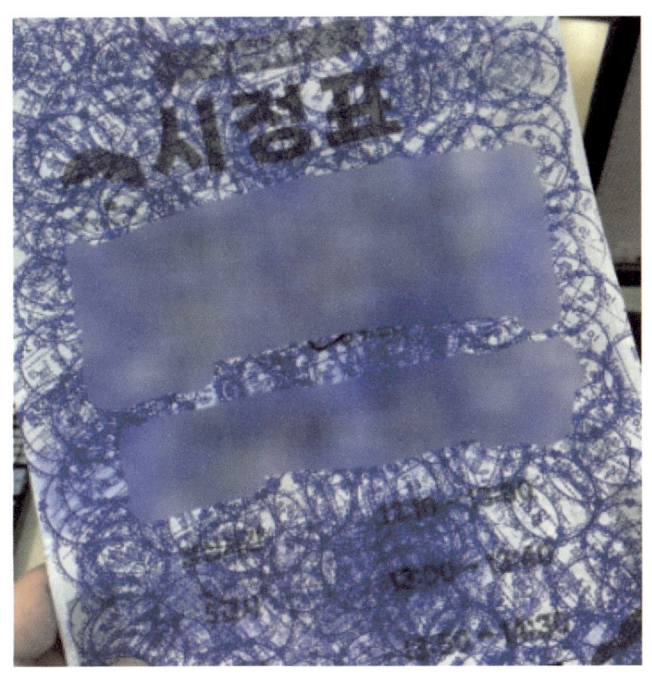

아이들이 도장을 몰래 가져가 시간표를 더럽혀 놓았다.

4월 2주 차

남자와 여자 파가 나뉘어져 초등학교 6학년 아이들끼리 남녀 갈등이 생겼다.

.

프롤로그

4월 3주 차

수많은 영화 수업과 게임 수업을 진행했더니 벌써 그 재미있는 영화에 질려 있었고, 웬만한 게임은 재미없어했다. 영상에도, 게임에도 집중하지 않았다.

4월 4주 차

아이들이 나의 핸드폰을 몰래 가져가서 사진을 촬영하다가 들켰다. 하지만 그냥 웃고 넘겼다.

5월 1주 차

아이들이 교과서에도 학습지에도 글씨를 흘리며 대충대충 쓰기 시작했다.

5월 2주 차

한 여자아이가 나에게 와서 말했다.
"선생님 혼 좀 내 주세요."
"혼을 내지 않으니까 애들이 말을 듣지 않잖아요."

> -착하시다, 우리반 아이들 제어를 못한다.
> -보드게임-놀아주세요
> -착하다, 단점은 생각 안난다.

'우리 반 아이들을 제어하지 못한다.' 한 달 되돌아보기 시간에 공통적으로 나온 의견이다.

5월 3주 차

처음으로 혼을 냈지만, 아이들은 오히려 환호성을 쳤다.

"선생님이 화냈다~!"

5월 마지막 날

아이들의 칠판 가득한 낙서와 함께 3개월 기간제 생활을 마무리했다.

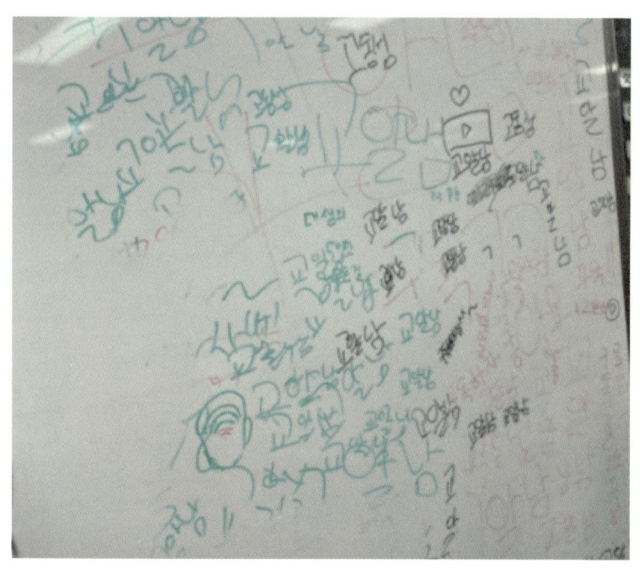

수업하는 칠판에 그려져 있는 낙서들이다.

어디서부터 잘못된 걸까?

나는 겉으로 보기에는 학생들의 만족을 채워 주기 위해 매일 오후 7시까지 초과근무를 하며 열심히 수업을 준비하는 성실하고 열정적인 선생님이었다. 하지만 왜 목이 쉬도록 소리치는데도 아이들은 말을 더 듣지 않는 걸까? 왜 학급 세우기를 시작한 지 한 달도 안 되어서 파가 나뉘고, 갈등이 생기고, 민원까지 들어온 걸까? 어쩌다가 나는 친구 그 이상도 이하도 아닌 만만한 선생님이 된 걸까?

다시 한 번 생각해 봐도 이것은 큰 실패였다. 만만한 선생님, 친구 같은 선생님. 화를 내면 오히려 좋아하는 선생님. *아이들과 선생님의 구분이 없던 학급.* 이것이 2022년 5월 28일 기간제 교사를 마무리한 나에게 따라온 잔인한 명함이었다.

그때부터였다. 나의 머릿속에는 무의식적인 생각 하나가 자리 잡았다. 2022년 두 번째 임용을 공부하는 순간에도. 2023년 3월 임용고시에 합격하고 리더십 연수를 듣는 순간에도. 2023년 7월 군대 훈련소 생활을 하는 순간에도. 2024년 생활관에서 백 권 이상의 책을 읽는 순간에도. 2025년 2월 첫 학교를 발령받은 순간에도, 무려 1,000일간 나의 머릿속에 뿌리 깊게 박혀 있었다.

'어떤 교사가 진정한 교사일까?'

프롤로그

그리고 2025년 5월 30일, 초임 교사로서 담임을 맡은 지 100일이 된 날, 나는 확신을 얻었다.

'이것이 진정한 교육이구나.'

아래는 2025년 5월 30일 우리 반 모습이다.

아침
아이들은 자리에 앉아서 7단계 아침 루틴을 실시한다. 그리고 교과서를 펼쳐 놓고, 선생님의 수업을 기다린다.

"주목"

아이들이 모둠 활동을 하다가도 선생님의 주목 소리에 자세를 고쳐 앉고, 선생님을 초롱초롱한 눈으로 바라본다. 내가 주목을 조용하게 읊는 횟수는 최대 두 번이다.

쉬는 시간
아이들은 반에서 소리치거나 뛰어다니지 않는다. 그리고

못 마셨던 우유를 모두 마신다.

점심시간

밥을 먹으러 가기 전, 아이들은 앞사람의 머리를 보며 조용하게 줄을 서 있다.

5, 6교시

아이들은 수업에 집중한다. 몇 명에게 무작위로 지목해서 수업 내용을 이해했는지 물어보아도 배운 내용을 그대로 이야기한다.

하교하기 전

아이들은 본인의 자리를 깔끔하게 정리한 후 자리에 앉는다. 인사를 한 뒤 선생님의 "가세요." 소리에 맞춰 가방을 멘다. 집에 가기 전, 의자를 넣고 실내화를 가지런하게 정리한다. 그리고 하교를 한다.

변했다. 확실하게 변화가 일어났다.

2022년

아이들이 수업을 제발 들어줬으면 하는 마음에, 끝도 없이 샘솟는 도파민을 만족시켜 주기 위해 오후 7시까지 게임 수업을 준비했다.

하지만,

2025년

아이들이 말을 잘 들어서 게임을 준비하고 싶다. 게임을 하더라도 옆 반에 피해가 가지 않게, 의도대로 수업을 진행할 수 있다는 생각에 더욱 재미있는 수업을 준비하고 싶다. 선생님이 준비해 온 모든 것을 시간 안에 할 수 있다는 믿음이 생겨 더 어려운 난이도의 수업을 준비하고 싶다.

2025년 5월 30일

아이들의 달라진 모습을 보며, 진정한 교육에 대한 1,000일간의 고민에 확신을 갖는 가졌다.

『하루 10분의 기적, 아이들이 달라졌다』에는 1,000일 동안 진정한 교육에 대해 치열하게 고민해 온 흔적과 100일간 실천한 결과가 고스란히 담겨 있다. 선생님인 내가 어떻게 180도 달라졌고, 그 변화가 아이들에게 어떤 기적을 이끌어 냈는지 말이다. 직접 변화를 만든 저자로서 한 가지 약속하겠다.

이 책의 내용 중 단 한두 가지만 실천으로 옮겨도 당신의 교실에는 작지만 확실한 기적이 시작될 것이다.

(1장)

학급 루틴

하루 10분의 기적, 교실을 다시 숨 쉬게 하다

1

선생님은
연예인이 아니다

아이들을 정말 좋아해서 교대에 입학했다. 교생실습을 세 번 하면서도 아이들을 좋아하는 마음에 변함이 없어서 졸업 후 임용고시를 봤다. 그렇게 2025년 3월, 초임 교사로 첫 발령을 받았다. 아이들에게 진심인 만큼, 교사를 공부하는 8년 동안 '진정한 교육이란 무엇일까?'를 깊이 고민해 왔다.

그렇게 3월 4일, 한 가지 신념을 가졌다. "단호하면서도 재밌는 선생님이 되자." 일단 선생님이 단호한 줄 알아야 아이들이 말을 잘 들을 것이고, 그래야 협동학습이나 게임을 해도 다툼 없이 재미있게 수업할 수 있기 때문이다.

그리고 담임 선생님으로서 네 가지 세부 목표를 세웠다.

1) 아이들의 감정에 휘둘리지 않는 엄격한 선생님이 되자
2) 아이들에게 공부 습관을 만들어 주는 선생님이 되자
3) 아이들에게 약속과 책임 있는 행동을 알려 주는 선생님이 되자
4) 아이들이 본인의 꿈을 찾고, 그 꿈을 향해 한 걸음 나아가는 1년을 만들어 주자

그렇게 두 달 뒤인 5월 1일. 지금 나의 반이 탄생했다. 사랑스럽고 자랑스러운 나의 반 말이다.

… 2

하루 10분, 교실을 찾아온 단호한 변화

매일 아침 학교 부근 카페로 향한다.

"나는 단호하면서 재미있는 선생님이다." 아침 다짐과 함께 아무도 없는 카페에서

1) 심리학책 20분 낭독
2) 교사 관련 책 20분 묵독을 실행한다

8시 15분

학교로 출근한다.

8시 40분

아이들은 7단계 아침 루틴을 실시한다.

1) 의미 있는 역할 하기

2) 존재판 작성하기

3) 감사 노트 작성하기

4) 꿈 노트 작성하기

5) 배움 공책 완성하기

6) 1교시 교과서 꺼내 놓기

7) 수학 학습지 또는 독서하기

우리반 7단계 아침 루틴을 소개한다.

하루 10분의 기적, 아이들이 달라졌다

아이들은 7단계 아침 루틴을 진행하느라 떠들 시간이 없다. 자신의 자리에서 조용하게 루틴 달성을 위해 열심이다. 아이들이 열심인 이유는 다음과 같다.

1) 본인만의 루틴을 달성하지 못하면 집 가기 전까지는 끝내야 하기 때문이다
2) 루틴을 달성하지 못하면 친구들이 보는 앞에서 선생님께 한마디 들어야 하기 때문이다
3) 선생님께 한마디를 들으면 선생님의 수업 시작 시각이 늦어진다
4) 하지만 선생님은 정해진 수업 시간이 끝나야만 쉬는 시간을 준다

따라서 한 명이라도 루틴 달성에 실패하면, 반 전체 아이들이 중간 놀이시간, 점심시간, 집에 가서 놀 수 있는 시간을 빼앗긴다.

5) 하지만, 반의 모든 아이들이 루틴을 달성하면, 루틴을

달성한 본인들을 위해 힘찬 박수와 선생님의 진정한 인정으로 하루를 신나게 시작한다

사실 루틴뿐만 아니라 모든 활동을 열심히 하는 우리 반 아이들의 사고 과정이다.

8시 58분

한 아이가 수학 교과서를 가지고 찾아왔다.

"선생님 수학 교과서에 어제 배운 내용 옮겨오기로 한 숙제 다 해 왔어요."

나는 수학 교과서 검사를 완료하고 아이를 들여보냈다.

9시

지각생은 없다. 지각을 하면,

1) 지각 1분당 학교 끝나고 5분 남아야 하기 때문이다
2) 친구들이 보는 앞에서 한마디를 들어야 하기 때문이다
3) 지각으로 인해서 선생님께 한마디를 들으면, 그 시간만

큼 반 아이들 전체의 쉬는 시간이나 점심시간이 늦어지기 때문이다

다시 9시

아침 활동 시간에 아이들이 실행한 아침 루틴을 검사한다. 아이들의 책상에는 배움 공책, 꿈 노트, 1교시 교과서가 펼쳐져 있다. 그리고 조용히 손을 내리고, 선생님의 검사를 기다린다.

"3반?"

"네."

(더 작은 목소리로) "3반?"

(더 큰 목소리로) "네!"

"인사하자."

그럼 당일 인사를 하는 친구가 일어나서 인사를 한다.

"차렷, 선생님께 대하여 인사!"

"안녕하세요!"

"응 안녕. 다들 존재판 꺼내세요."

아이들은 존재판을 꺼낸다. 나는 뽑기 막대를 꺼낸다.

"시언이?"
"얘들아, 나는 오늘 (용기 있는) 학생이야!"
"나래?"
"얘들아, 나는 오늘 (존경받는) 학생이야!"
"기범이?"
"얘들아, 나는 오늘 (정직한) 학생이야!"

여섯 명의 존재 창조가 끝나고 말한다.

"오늘 하루 그런 존재로 살아가면 됩니다."

그리고 아이들은 존재판을 집어넣는다. 나는 아이들의 책상을 한 번 훑어본다. 아이들이 교과서를 다 꺼냈는지 보기 위함이다. 물론 아이들은 교과서를 모두 꺼냈다.

1) 교과서를 꺼내지 않으면 스물네 명의 반 아이들 앞에서 한마디 들어야 하기 때문이다
2) 선생님이 한마디 하면 수업이 늦어지고, 자연스럽게 중간 놀이 시간, 점심시간, 집에 가는 시간이 늦어지기 때문이다
3) 교과서를 꺼내 놓지 않으면 선생님이 수업을 시작하지 않기 때문이다

(이제 이 사고 과정이 익숙할 테니 더 이상 쓰지 않겠다.)

그리고 공포의 아침 루틴 검사 시간이다. 나는 〈GREAT! 무궁무진한 잠재력의 소유자〉가 적힌 도장을 들고, 한 명 한 명의 꿈 노트, 배움 공책, 감사 노트를 검사하러 간다.

'터벅터벅'

고요한 반 속 선생님의 발소리만 들린다. 검사를 하며 아이들의 루틴 하나하나에 피드백을 준다.

"배움 공책 줄, 자대고 다시 그으세요."

"네."

"주위를 둘러봐. 다른 친구들의 꿈 노트와 너의 꿈 노트가 다른 점은 뭐야?"

"꿈 노트 체크리스트에 어제 한 활동을 체크하지 않았어요!"

"그래, 잘 아네. 체크하고 나와서 검사받아."

"네!"

"감사 노트에 감사한 점 어떻게 적으라 했어?"

"'감사합니다.'라고 끝내라 했어요."

"그래, 다시 적고 나와서 검사받아."

 이렇게 10분간 아이들의 아침 루틴에 대한 피드백이 매일 진행된다. 루틴 검사를 3개월 동안 반복한 지금 아이들은 배움 공책을 모두 써온다. 꿈 노트를 모두 작성하고 전날 작성한 세 가지 체크리스트에 체크를 완료했다. 교과서를 모두 꺼냈다. 그리고, 아이들은 조용하게 선생님의 검사를 기다린다. 모든 검사가 끝나고, 책상에 있던 꿈 노트와 배움 공책을 넣는다. 그리고 책상 아래에 손을 넣고 바른 자세로 앉아 있는다.

1) 손을 책상 아래로 넣는 것은 선생님이 시킨 활동 또는 꼭 해야 하는 활동을 마무리했다는 우리 반 만의 신호다
2) 모든 학생이 책상 아래로 손을 집어넣어야만 선생님이 수업을 시작한다

9시 10분

1교시 과학 수업을 시작한다. 오늘 아이들은 세균과 바이러스를 주제로 공부한다. 교과서를 읽은 아이들은 선생님의 질문에 답한다.

"세균의 모양에는 어떤 것들이 있지?"

질문에 답하기 위해 손을 든다. 왜냐하면

1) 선생님 말씀이 끝나기 전에 손을 든 학생
2) 선생님이 지목하지도 않았는데 말하는 학생

은 선생님이 본 척도, 들은 척도 안 하고 발표를 안 시키기

때문이다. 그렇게 나는 손을 바르게 든 학생 중 한 명을 지목한다.

"나래?"
"네, 세균의 모양에는 구 모양, 나선 모양, 막대 모양이 있습니다."

그리고 무작위로 손을 들지 않은 한 명한테 질문한다.

"방금 나래가 어떤 답을 했는지 말해 봐, 기범아."
"네, 세균의 모양에는 구 모양, 나선 모양, 막대 모양이 있다고 했습니다."
"잘했어."

이렇게 아이들은 무작위로 불려 친구가 발표한 내용을 똑같이 말해야 한다. 선생님의 무작위 지목에 답하기 위해 아이들은 자연스럽게 친구들의 발표 내용, 선생님의 수업 내용에 집중하고 경청한다.

2교시

실과 수업이다. 오늘 실과 수업은 텃밭에서 키우고 있는 상추를 태블릿으로 찍고, 관찰일지를 작성하는 것이다. 태블릿을 꺼내기 1분 전 아이들에게 묻는다.

"태블릿으로 무엇을 하면 안 되지?"

아이들이 조용하게 손을 든다.

"시언이?"
"태블릿으로 다른 사이트를 들어가면 안 돼요."
"나래?"
"활동을 하지 않을 때는 태블릿에 손을 대면 안 돼요."
"그렇지."

그렇게 모든 아이들이 태블릿을 받았다. 아이들은 태블릿을 받자마자

1) 태블릿이 켜지는지
2) 인터넷 연결이 되어 있는지

두 가지를 확인하고 태블릿을 책상 위에 놓고, 손을 책상 아래로 내려놓는다. 그렇게 모든 아이들의 확인이 끝난 후 텃밭에 나갈 준비를 한다.

"밖으로 나가서 1번부터 줄 서세요."

아이들은 밖에 나가서 1열로 줄을 선다. 나는 벽에 기대어 가만히 서 있다. 그럼, 아이들은

1) 앞사람의 뒷머리를 바라본다
2) 조용하게 줄을 선다

모든 학생이 앞사람의 뒷머리를 바라보고 있는지 확인 후, 나의 발걸음을 텃밭으로 옮긴다. 아이들은 뒤에서 따라온다. 원래 우리 반의 규칙은 야외에서 말하면 안 된다. 하지만, 오

늘 선생님의 지도를 잘 따라와 주고 큰소리를 한 번도 내지 않게 해 준 아이들이 너무 대견했다. 따라서 작은 수다를 허용했다.

"얘들아, 옆 사람이랑 조용하게 대화 나눠도 돼."

아이들은 기쁜 마음으로 옆 친구들과 소곤소곤 대화를 나눴다. 텃밭에서 태블릿으로 상추 촬영을 다 끝낸 아이들은 다시 교실로 돌아온다. 교실로 와서 관찰일지를 작성 후 모두가 손을 책상 아래로 내린다. 그제야 난 말을 꺼낸다.

"중간 놀이시간 신나게 놀고 오세요!"

아이들은 그 말을 듣고 신나게 놀러 나간다. 중간 놀이 시간이 시작하자 한 아이가 나를 찾아왔다.

"선생님 저 저번 시간에 안 와서 상추 관찰일지를 다 못 적었는데, 중간 놀이 시간에 친구 것 보고 적어도 돼요?"

"그래, 그렇게 해."

중간 놀이시간이 끝나기 5분 전

아이들은 모두 책상에 3교시에 사용할 교과서를 꺼내 놓고, 책상 아래로 손을 내리고 앉아 있는다.

3교시

음악 시간이다. 음악 시간은 유일하게 아이들을 풀어 주는 시간이다. 매일 긴장하며 선생님 말씀에 귀를 기울여야 하는 아이들에게 해소구를 주어야겠다는 생각이 들었다. 음악 시간에는 나도 웃고, 아이들도 웃는다. 모두가 노래를 부르는 모습에 다같이 웃는다. 음악 시간은 일주일 수업 시간 중 아이들이 유일하게 행복한 시간이다.

4교시

단소 강사님께서 들어오신다.

"안녕하세요!"

아이들은 힘차게 인사를 한다. 단소 강사님께서 깜짝 놀라셨다. 그리고 수업을 시작하셨다.

"태는 손 모양 이렇게 잡는 거야."
"자, 이제부터 소리 내는 연습을 할 건데 모두 연습 중에는 떠들지 마세요."

아이들은 정말 안 떠든다. 모두 단소 연습에 집중한다. 중간에 아이들의 대화 소리가 나서 그곳을 바라보았다. 하지만 대화 내용이 나를 흐뭇하게 했다.

"나래야, 단소를 조금 더 당겨서 불어 봐."
"기안아, 입 모양은 더 펼치는 게 좋아."

그냥 떠드는 것이 아닌 서로에게 도움을 주는 대화였다. 뿌듯하고 자랑스러웠다. 그리고 단소 선생님의 칭찬이 훅 들어왔다.

"이야… 얘들아, 너희들은 정말 떠들지 말고 연습하라 했더니 안 떠들고, 연습만 하네?"

단소 선생님께서 정말 신나 보이셨다. 말을 잘 듣는 아이들에게 하나라도 더 가르쳐 주고 싶은 교육자로서 매우 행복한 표정이었다. 나는 속으로 생각했다.

'역시 우리 반.'

점심시간

단 한 명의 아이에게도 한마디 할 일이 없었기에 시간은 지체되지 않았다.

"자, 지금부터 2분 줄 테니까 단소 집어넣고, 조용하게 손 씻고, 자리에 앉습니다."
"시작!"

아이들은 조용하게 손을 씻고 온다. 그리고 다시 자리에 앉은 후 손을 책상 아래로 내린다.

   모든 학생이 손을 내렸을 때 나는 말을 꺼낸다.

"오늘 1번 누구야?"
"기안이요~"
"그래, 기안이부터 밖에 한 줄로 서."

   나는 아이들을 가만히 바라보고 있었다. 그리고 10초 뒤 조용히 출발했다. 아이들은 나를 따라 급식실로 간다. 점심을 먹고, 점심시간이 끝나기 10분 전 아이들은 모두 알림장을 꺼내 놓고, 손을 내리고 앉아 있는다. 왜냐하면, 모두가 반에 일찍 도착하면 선생님이 알림장 쓸 시간을 주고, 그럼 집을 더 일찍 갈 수 있다는 알고리즘이 두 달간 아이들의 머릿속에 새겨져 있기 때문이다.

"오늘은 성공이네, 다들 알림장 꺼내세요."

   그렇게 오늘의 알림장을 켜 주고, 알림장 검사까지 끝낸다.

5, 6교시

동아리 시간이다. 아이들은 각자 동아리를 하러 가고 나는 피구부를 지도하러 내려갔다.

동아리가 끝난 후

다시 교실로 갔다. 아이들은 모두 가방을 싸고, 손을 책상 아래로 내리고 조용히 선생님을 기다렸다. 너무 흐뭇한 마음에 살짝 웃을 뻔했지만 참고 마무리 인사를 했다.

"연휴 잘 보내고, 선생님이 무슨 말 할 줄 알지?"
"네!"
"자, 이제 가세요."

수업이 끝나고, 아이들은 외친다.

"얘들아, 의자 집어넣자!"
"얘들아, 실내화 정리하고 가자!"
"누구 의자를 안 넣고 갔니?"

그리고 가끔 몇몇 아이들은 마지막까지 남아서 다른 친구들의 의자를 넣어 주고, 실내화까지 정리해 주고 간다.

그렇게
1) 아이들은 집 가기 전 의자를 넣는다
2) 실내화를 가지런히 정리한다
3) 그리고 집을 간다

아이들을 보낸 반은 무엇인가에 집중하기 좋게 적막하다. 나는 교육심리학 책을 꺼내 열네 쪽을 읽는다. 그 후 오늘 푼 학습지 및 수행평가 채점, 내일의 학습지 인쇄 등 오늘 수업을 마무리하고 내일 수업을 준비한다.

16시 40분
자물쇠로 교실 문을 잠그고, 가벼운 발걸음으로 집에 간다.
이것이 우리 반만의 단호한 학급 루틴이다.

3

얘들아!
나는 오늘 행복한 학생이야!

매일 아침 우리 반 아이들은 존재를 창조한다.

오늘 하루는 어떤 학생으로 살아갈지 친구들 앞에서 당당하게 발표한다. 존재판 맨 위에는 다음과 같은 문구가 적혀 있다.

"얘들아! 나는 오늘 (　　　) 학생이야!"

그럼 아이들은 매일 아침 아래 60개의 존재 방식 중 하나에 동그라미를 친다.

(용기 있는, 행복한, 호기심 많은, 도와주는…)

그리고 스물네 명의 반 아이들 앞에서 발표한다.

"얘들아! 나는 오늘 행복한 학생이야!"

그럼 그 학생은 오늘 하루 행복한 존재로 살아가는 것이다. 친구들과 다퉈서 기분이 상할 수도, 맛있는 반찬이 나오지 않아서 속상할 수도 있지만, 그럼에도 오늘 하루는 행복하고 웃음 많은 존재로 사는 것이다.

정말 설레지 않은가?
정말 멋있지 않은가?

존재판을 작성한 아이들은 어제 또는 작년, 집에서 또는 학원에서, 엄마 또는 아빠로부터 물려받은 경험과 배경으로부터 살아가는 것이 아니다. 아이들은 그냥 그날 존재판에 적은 그 존재로 살아가는 것이다. 다시 말해 아이들은 과거에 살아가지 않고 *내가 창조한 미래*로부터 살아가는 것이다.

예를 들어 나래는 어제 거짓말을 했다. 하지만 오늘은 정직한 존재를 창조하고 친구들 앞에서 선언했다. 그리고 정직한 존재를 창조한 나래는 오늘 정직한 행동을 한다. 내일, 모레, 글피도 정직한 행동을 반복한다. 그럼 그날부로 나래는 정직한 사람이다. 매일 정직한 행동을 하는데 정직한 사람이 아닐 수가 있겠는가? 그 누구도 부정할 수 없다.

아이들은 매일 아침

1) 존재판을 작성하고
2) 자신의 존재를 새롭게 창조하고
3) 그것을 친구들 앞에서 선언한다

하루하루가 얼마나 힘 있고 설레겠는가?

우리 반에 대한 교육 에세이를 적다 보니, 이렇게 매년 스물네 명의 인생에 수많은 변화를 만들어 줄 수 있는 초등학교 교사라는 것이 매우 뜻깊고, 행복하다.

얘들아! 나는 오늘 ( ) 학생이야!

창의적인	행복한	따뜻한	무엇이든 가능한	솔직한	아름다운
열정적인	집중하는	배려하는	도움을 주는	사랑하는	평화로운
차분한	행동하는	시작하는	신중한	반가운	약속을 지키는
뿌듯한	용기있는	고마운	호기심 많은	편안한	감동을 주는
즐거운	성공하는	만족하는	자신감 있는	존중하는	설레는
공감하는	희망찬	존경 받는	생동감 있는	착한	홀가분한
책임감 있는	소통하는	우정을 지키는	절제하는	효도하는	용서하는
예의 바른	창의적인	경청하는	긍정적인	협동하는	매너있는

존재판은 매일 '우리'의 존재를 창조한다.

1장 학급 루틴

4

기록을 덜어낼수록
기억은 짙어진다

⟨3x6 배움 공책⟩

　수업에서 배운 내용을 복습하는 용도로 많은 학교에서 사용 중인 공책이다. 나 역시 복습이 중요하다는 것에 동의한다. 따라서, 우리 반 아이들은 학교생활에 적응함과 동시에 배움 공책 작성을 시작했다. 하지만 우리 반 배움 공책에는 한 가지 철칙이 있다.

　'모든 것을 적을 필요는 없다.'

　…

한때 심리학에 흠뻑 빠진 적이 있었다. 심리학 내용이 너무 흥미롭고 매력적이어서 닥치는 대로 책을 읽었다. 1년 동안 백 권 이상의 책을 읽었는데, 그 책들의 내용이 모두 심리학일 정도였다. 흥미로운 심리 법칙에 밑줄을 긋고, 일상생활에 적용해 보면서 시간 가는 줄도 모르게 읽었다. 하지만 열 권, 스무 권을 읽을 때쯤 한 가지 의문이 들었다.

'지금 당장 기억나는 내용이 있는가?'

그대로 떠올려 봤다.

'음… 확증편향, 신경가소성, 후광효과…?'

내용이 재미있어서 계속 읽은 책들이었지만, 막상 어떤 내용을 배웠는지 스스로 물으면 말문이 막혔다.

'아무리 다양한 지식이 물밀듯이 들어와도 기억에 남는 내용은 한두 가지밖에 없구나.'

어떻게 하면 '읽는 것에서 그치지 않고, 기억에 남길 수 있을까?'에 대한 고민을 하고 있을 무렵, 한 가지 책이 눈에 들어왔다.

『1독 1행 독서법』

이 책의 핵심은 '책 한 권 당 한 가지의 행동만 실천하더라도 그 책은 성공적으로 읽은 것이다.'라는 거다.

'유레카!'

이거다 싶었다.

'그래, 어차피 책의 모든 내용을 기억하지 못하니 책 별로 딱 세 개. 세 개의 핵심 내용만 기억하자.'

그렇게 나만의 습관이 탄생했다.

'1독 3행'

  책을 읽을 때마다 지식을 알려 주는 책이면 지식 세 개, 행동을 알려주는 책이면 행동 세 개. 내용은 다 읽되, 책을 읽은 후 가장 기억하고 싶은 내용 딱 세 개씩만 골라 정리했다. 그렇게 세 개씩만 골라 정리하며 읽다 보니 어느새, 모든 책의 내용을 알아야 한다는 부담감이 줄어들었다. 그리고 부담감이 줄어드니 책을 더 읽고 싶다는 생각이 자연스럽게 들었다. 그렇게 나는 1년 동안 심리학 책 백 권을 읽었고, 한 책당 세 개씩 총 삼백 개의 심리학 지식을 온전하게 얻었다.

…

  백 권의 책을 통해 얻은 인생의 값진 경험을 바탕으로, 아이들에게 배움 공책의 새로운 틀을 제시했다.

〈3x6 배움 공책〉

1) 매일 모든 과목에 대한 배움 공책을 적는다
2) 단, 각 과목에서

   중요한 내용 한 가지, 기억하고 싶은 내용 한 가지, 선생님이 강조한 내용 한 가지

   총 세 가지를 적는다
3) 배움 공책은 수업이 끝난 후 적는다

이렇게 아이들은 매일

1) 모든 과목에서 배울 점과 의미를 찾는다
2) 배움 공책에 적어야 할 세 가지 내용을 선정하는 과정에서, 배운 내용을 자연스럽게 다시 한번 복습한다
3) 그리고 한 학기가 끝난 후 아이들이 공책을 다시 펼쳐 봤을 때 모든 단원의 핵심 내용이 들어가 있다

정말 의미 있는 배움 공책을 만드는 것이다.

나는 아이들이 배움 공책을 그냥 옮겨 적는 용으로 사용하지 않았으면 한다. 아이들이 배움 공책에 적을 내용을 탐색

하는 과정에서 능동적인 학습을 훈련했으면 한다. 또한 주요 과목에서만이 아니라 모든 과목에서 배울 점과 의미가 있다는 것을 알려 주고 싶다.

"얘들아, 모든 것을 적을 필요는 없다."

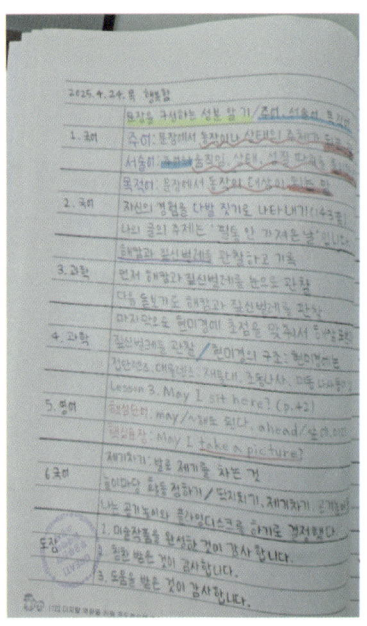

<3x6 배움 공책>으로 하루 동안 배운 내용을 전반적으로 복습할 수 있다.

<3x6 배움 공책>으로 아이들의 자기주도적 학습능력을 기를 수도 있다.

하루 10분의 기적, 아이들이 달라졌다

2만 원으로 인생을 사는 법

문제 : 이 물건은 무엇일까?

(학생들도 맞출 수 있는 문제다)

1) 한 사람의 평생을 담은 물건

2) 한 사람의 인생을 담은 물건

3) 한 사람의 20년간의 연구 결과를 담은 물건

4) 시련이나 고난이 다가왔을 때 해결책을 제시해 줄 수 있는 물건

5) 수많은 사람들이 선택한 인생의 방향성을 담은 물건

그렇다. 정답은 책이다.

요즘 책의 가격은 만 원에서 2만 원 정도 한다.
하지만

단돈 2만 원으로 한 사람 평생의 연구 결과, 철학, 가치관, 인생의 방향성을 살 수 있다.
텀블러 한 개 살 돈으로 값을 매길 수 없는 무형의 가치들을 살 수 있다.
배달 음식을 시켜 먹을 수 있는 돈으로 한 사람의 몇 십 년의 시간을 살 수 있다.

"이렇게 부당한 거래가 어디 있는가?"
"하면 무조건 이익일 수밖에 없는 거래를 하지 않을 사람이 있는가?"

따라서, 나는 우리 반 아이들에게 무조건 이익일 수밖에 없는 독서라는 거래를 습관으로 들이기 위해 다방면으로 노력하고 있다. 마찬가지로, 이 책을 읽는 독자분들도 지금 당장 서점에 가서 무조건 이익일 수밖에 없는 부당한 거래를 실천해 보자.

6

매일 조금씩
꿈에 닿아가는 교실

우리 반 아이들은 매일 자신의 꿈을 이루기 위한 간단하지만, 강력한 습관을 만들고 있다.

'바로 꿈 노트다.'

3월 11일
우리 반 아이들은 모두

1) 자신의 꿈을 그려 시각화했다
2) 만다라트 표를 그려 그 꿈을 이루기 위한 행동 열두 가지를 적었다

3) 열두 가지의 행동 중 *지금 하고 싶고, 당장 실천할 수 있는* 세 가지를 골랐다

그리고 매일 실천할 세 가지 행동을 꿈 노트에 적는다. 또, 체크리스트에 전날 적었던 세 가지 행동을 실천했는지 체크한다. 가장 중요한 것은 우리 반 아이들은 하루도 빠짐없이 이 과정을 반복한다는 것이다.

4월 11일
이 활동을 시작한 지 딱 한 달이 지났다. 신규 교사로서 처음 한 활동인 만큼 아이들의 반응이 궁금해졌다.

"얘들아, 우리 한 달간 꿈 노트를 작성했는데, 어땠어?"

사실 큰 기대는 하지 않았다. 좋아요, 힘들어요, 귀찮아요 등등… 간단하지만 힘든 활동에 대해 한탄하는 반응만 있을 줄 알았다. 하지만 아니었다.

'아이들의 반응은 되려 나를 감동시켰다.'

"처음에는 이 귀찮은 것을 왜 계속해야 하는지 몰랐는데, 한 달 동안 하다 보니깐 저의 꿈에 한 걸음 더 다가가는 것 같아요!"

"제 꿈이 클라이밍 선수인데, 매일 열 개씩 턱걸이한다고 적었거든요. 그렇게 한 달간 적고 실행했더니 정말 코어 힘이 좋아졌어요!"

"선생님 저 진지하게 생각해 봤는데 꿈 바꿔도 돼요?"

기대 이상으로 아이들은 본인의 꿈에 대해서 진지하게 생각했다. 아이들이 숙제니까, 선생님께 한마디 듣지 않기 위해서 대충 쓰는 것이 아니라 매일 꿈 노트를 쓰면서 꿈에 한 발짝씩 다가가는 성취를 실질적으로 이룬 것이다!
하지만 아직 끝나지 않았다.
우리 반 아이들은 매일 꿈 노트를 작성할 것이고, 1년 동안

본인의 꿈을 이루기 위한 작은 행동들을 반복할 것이다!

12월 31일

우리 반 아이들 모두 꿈을 향해 한 걸음 더 다가갔을 것이다. 아니, 실제로 꿈을 이룬 학생들도 있을 것이다. 그리고 모두 인생의 한 가지 진리를 깨달을 것이다.

'매일매일 목표를 위한 행동을 반복하면 언젠가는 그 목표가 이뤄져 있음을.'

이렇게 우리 반 아이들은 매일 아침 꿈 노트를 적으며 꿈을 이룰 수밖에 없는 비범하고 멋진 사람이 되어 가고 있다.

아나운서가 꿈인 학생이 미래에 아나운서가 된 모습을 그려 시각화했다.

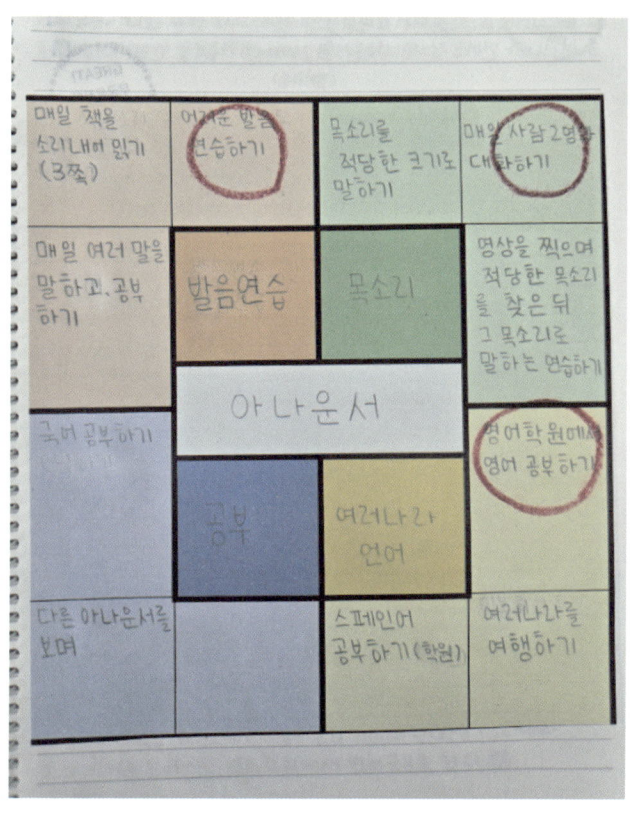

만다라트 표를 통해 아나운서가 되기 위해 지금 당장 할 수 있는 세 가지 행동을 찾았다.

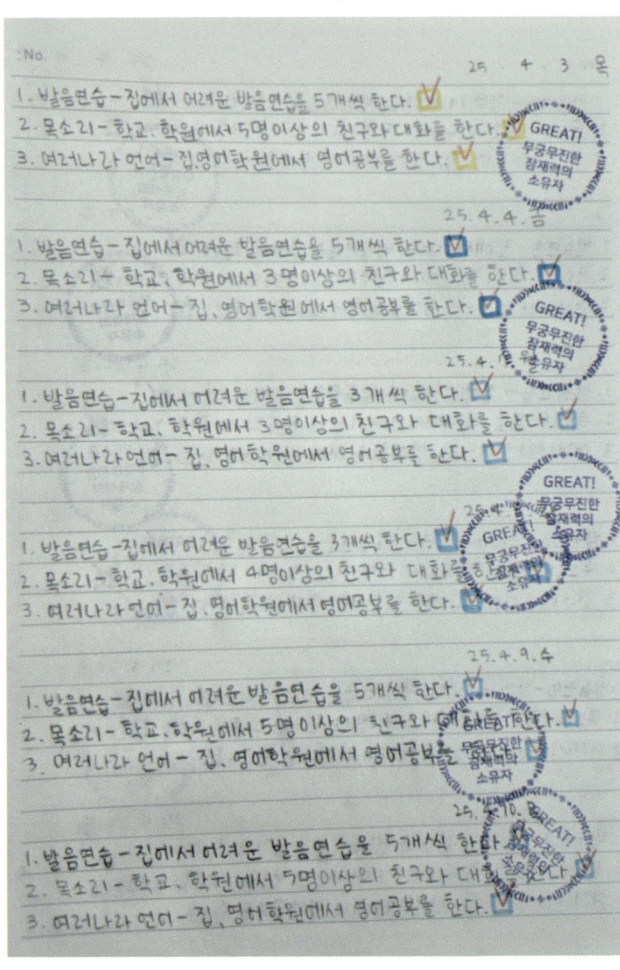

매일 아침 전날 세 가지의 행동을 실천했는지 꿈 노트에 체크한다.

하루 10분의 기적, 아이들이 달라졌다

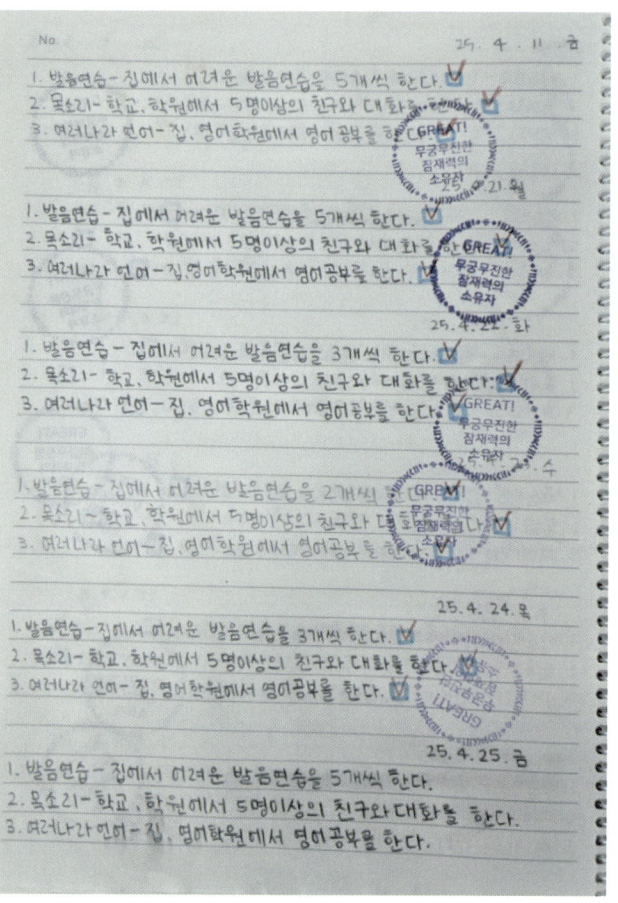

매일 아침 오늘 할 세 가지의 행동을 꿈 노트에 적는다.

1장 학급 루틴

2장

학급 운영

교단 앞 작은 세계를 움직이는 법

7

줄 서는 모습만 봐도
알 수 있다

한 번은 운 좋게 30년 경력의 베테랑 선생님과 대화를 나눌 기회가 생겼다. 대화를 나누면서 확실히 경력이 높으신 선생님은 생각 자체가 다르다는 것을 느꼈다. 정말 선생님께서 말씀하시는 것 하나하나 놓치지 않겠다는 생각으로 경청하며 들었다.

대부분의 선생님은 아이들 관리가 제일 힘들다고 한다. 아이들을 지도하는 것에 진을 다 빼 퇴근하면 침대에 눕는 것이 일상이라고 한다. 하지만 베테랑 선생님 반 아이들은 말을 너무 잘 듣는다고 하셨다. 말을 너무 잘 들어 아이들에 대한 스트레스가 거의 없고, 따라서 퇴근 후 여유롭게 개인 생활을 즐긴다고 하셨다. 그런 선생님께서 대화를 시작할 때

강조하신 말씀이다.

"나는 줄 서는 것만 봐도 알아."

굳이 반에 들어가지 않아도, 아이들에게 말을 걸지 않아도, 줄 서는 것만 보면 반 분위기가 어떤지 바로 알 수 있다고 하셨다. 결국, 대화의 요점은

'줄 서는 습관 하나만 잡아도 반의 주도권을 잡을 수 있다.'였다.
운이 좋았다.

정말 다행히도 그 사실을 3월이 가기 전에 깨달았다. 다음 날 학교에 출근하자마자 바로 우리 반 아이들의 줄 세우기 습관을 만들었다.

"얘들아, 이제부터 줄 설 때는 앞사람 뒷머리 보고, 조용하게 줄을 설 거야."

"하지만, 줄을 선생님과 약속한 대로 서지 않으면, 선생님은 안 움직일 거야. 그만큼 밥도 늦게 먹을 거고, 체육 수업도 늦게 갈 거야."

나의 모든 지도와 마찬가지로 모두가 조용하게, 앞 사람의 머리를 쳐다보고 줄을 서 있을 때까지 나는 가만히 기다린다.

그리고 모두가 줄을 똑바로 섰을 때, 비로소 점심을 먹으러 출발한다.

8

그래, 그래서 어떻게 할 건데?

'책임'

아이들에게 가르치고 싶은 여러 가지 무형의 가치 중 하나다. 사실 많은 성인들도 책임감이 빠져 있다. 내가 안 하면 누군가가 해 주겠지 생각하며 안 하고, 그냥 넘어가는 일이 대부분이다. 사실 내가 해야 할 일이라는 것을 아는데, 귀찮아서, 혼날까 봐, 두려워서 등등… 가지각색의 핑계를 대면서 넘어간다.

하지만, 우리 반 아이들은 책임감을 알려 주지 않아 모든 일에서 도망가고, 변명하고, 그냥 쌓아두고 넘어가는 그런 무책임한 성인이 되도록 놔두고 싶지 않다. 책임감을 배우지 못하고 어른이 된 아이들은 본인의 사소한 일부터 큰 일까지 스스로 해결하지 못하기 때문이다. 따라서 나는 아이들이 잘못했을 때 물어본다.

"선생님, 저 수학 익힘책 숙제 못 해 왔어요."
"그래, 그래서 어떻게 할 건데?"
"선생님, 저 배움 공책 못 해 왔어요."
"그래, 그래서 어떻게 할 건데?"

처음 이 질문을 했을 때 아이들의 말문은 막혔다. 하지만 나와 몇 번의 질문 과정을 반복한 후에 아이들은 스스로 말한다.

"선생님, 저 수학 익힘책 숙제 못 해 왔어요. 점심시간까지 수학 익힘책 숙제 다 끝내서 선생님께 검사 받겠습니다."
"그래. 그럼, 네가 점심시간까지 안 해 오면 어떻게 할 건데?"
"그럼 학교 끝나고 남아서라도 다하고 가겠습니다."

"그래, 그렇게 해."

이렇게 우리 반 아이들은 잘못하면

1) 무엇을 잘못했는지
2) 어떤 새로운 약속을 할지
3) 새로운 약속을 어기면, 또 어떻게 할지

까지 이야기하고 들어간다.

이렇게 우리 반 아이들은 약속에 대해서 책임감 있게 존재하는 방법을 매일 숙달하고 있다. 더 나아가, 약속에 대해서 또는 약속을 어긴 것에 대해서 모른 척하고 넘어가는 어른이 아니라 책임지고 행동하는 *매 순간 말과 행동에 힘이 있는 어른이 되어 가고 있다.*

9

단 5분,
교실이 달라지다

아이들은 감정적이다.
아니 감정적일 수밖에 없다.

아이들은 이성적인 판단을 담당하는 대뇌 전전두엽이 발달하는 초기 단계다. 따라서 대부분의 행동이 감정을 담당하는 대뇌변연계를 바탕으로 하므로 아이들은 당연히 감정적일 수밖에 없다. 여기서, 우리가 가장 먼저 해야 할 것은 아이들이 감정적이라는 것을 인정하는 것이다. 그 후, 이런 생각이 올라온다.

'그럼 당연히 감정적인 아이들을 어떻게 교육할 수 있을까?'

교사로서 내가 찾은 해답은 다음과 같다.

'아이들이 자신의 감정을 다스릴 수 있는 방법을 알려 주고, 그 방법을 습관으로 만들어 주자.'

사실, 이것은 어른들도 힘들다. 어른들도 본인의 감정을 주체하지 못하고 소리 지르거나, 화낸다. 또, 다이어트 중이지만 눈앞의 음식을 먹거나 충동구매를 한다. 하지만, 꼭 그런 행동을 저지르고 난 뒤에 후회라는 감정이 올라온다.

정말 다행인 점은, 대다수의 사람들이 겪은 경험인 만큼 수많은 학자들이 감정을 다루는 방법에 대해 오랫동안 연구해 왔다는 것이다. 그리고 이 주제를 다룬 다양한 책에서 공통적으로 알려 주는 감정을 초반에 다스릴 수 있는 방법이 있다. 놀랍게도, 그 방법은 누구나 할 수 있을 만큼 아주 간단하다. 하지만 막상 그 순간이 닥치면 어떤 일보다도 실천하기 어려운 방법이다.

그 방법은 바로

'5분 감정 내려놓기다.'

사람들은 감정을 분출해 놓고 시간이 지나면 후회한다. 뇌를 지배하던 감정이 떠나가고 후회가 몰려오는 것이다. 그럼 우리는 이렇게 생각할 수 있다.

'어떻게 후회하기 전에 감정을 다스릴 수 있을까?'

답은 간단하다. 후회가 올라오는 그 시간, 감정이 뇌에서 물러나는 그 시간까지 참고 기다리는 것이다. 보통 5분 정도면 대다수의 사람들의 뇌에서 감정이 완전하게 물러난다. 하지만, 짧은 순간 감정에 지배되어 평소에 생각하는 것과는 다른 더 과장된 행동을 하는 것이다. 이것을 뒤집어 생각하면 정말 희소식이다. 어떤 감정이 올라오더라도 5분만 참으면 더 이성적인 판단을 할 수 있다는 말이 된다.

눈앞에 있는 음식을 너무 먹고 싶더라도 5분만 참으면, 음식을 먹지 않아야 할 이유에 대해 생각하게 된다.

쇼핑몰에서 사고 싶은 물건이 있더라도 5분만 참으면, 그 물건을 사지 않아야 할 이유에 대해 생각하게 된다.

지금 당장 화를 내고 소리치고 싶어도 5분만 참으면, 화를 내지 않고 더 이성적으로 말할 수 있는 방법을 생각하게 된다.

감정이 뇌를 지배하는 그 순간과 다르게 5분만 참으면, 자연스럽게 이성적인 판단과 행동을 할 수 있게 된다.

이미 대뇌 전전두엽이 발달해 있는 성인들은 노력만한다면 감정적인 상태에서 이성적인 상태로 돌아올 수 있다. 하지만 아직 대뇌 변연계의 영향을 많이 받는 아이들은 감정적인 상태에서 이성적인 상태로 돌아가는 방법 자체를 모르기 때문에 스스로 조절하지 못한다. 따라서 우리는 선생님으로서 아이들이 자신의 감정을 다스릴 수 있는 방법을 알려 주고, 그 방법을 습관화하도록 지도해야 한다.

현재 우리 반에서 실천하고 있는 방법은 다음과 같다. 나는 아이들에게 5분 감정 내려놓기를 적용한다. 쉬는 시간에 반에서 소리를 지르거나, 다른 친구들 몸에 손을 대는 아이들이 있으면 바로 내 앞으로 부른다.

"나래야, 5분간 선생님 옆에 조용히 앉아 있어."

그럼 그 친구는 자연스럽게 *5분 감정 내려놓기*를 실행한다.

그 후 나는 물어본다.

"나래야, 선생님이 왜 5분간 앉아 있으라고 했을까?"
"쉬는 시간에 소리 지르면 안 되고, 다른 친구 몸에 손을 대면 안 되는데 대서요."
"선생님이 왜 하지 말라 했을까?"
"나중에 싸움으로 번질 수도 있고, 그것이 학교폭력이 될 수도 있어서요."
"그렇지. 그럼, 앞으로 어떻게 행동할 거야?"
"쉬는 시간에 소리 지르지 않고, 친구 몸에 함부로 손대지 않을게요."
"그래, 앞으로 선생님이 지켜볼 거야."

그리고 다시 쉬는 시간에 보낸다.

이렇게 나는 아이들이 감정적으로 흥분한 상태라고 판단되면, 즉시 '5분 감정 내려놓기'를 적용한다. 이 과정을 4개월 간 꾸준히 반복하자, 아이들에게도 조금씩 변화가 나타나기 시작했다. 처음에는 무작정 소리 지르던 아이들이 이제는 소리를 지르려다가도 스스로 멈추고 말로 해결한다. 처음에는 감정에 휩쓸려 상대의 몸에 손을 대려 하던 아이들이 이제는 스스로 멈추고 말로 갈등을 조율하려고 한다.

이렇게 우리 반 아이들은 단 5분의 시간을 통해서 본인의 감정을 다스릴 줄 아는 사람이 되어 가고 있다. 또한 그 과정을 습관화함으로써 생활 속에 자연스럽게 녹여내고 있다. 만약 감정적으로 흥분한 상태인 아이들로 인해 고통받고 있는 선생님들이 있다면 '5분 감정 내려놓기'라는 간단하지만, 강력한 방법을 반복해서 사용해 보길 추천한다.

그럼 5분 뒤,
아이들의 모습은 기적같이 달라져 있을 것이다.

10

더도 말고 덜도 말고
마이쮸 한 봉지

아이폰을 사면 에어팟을 사고 싶다.

에어팟을 사면 아이패드를 사고 싶다.

아이패드를 사면 애플펜슬과 매직 키보드를 사고 싶다.

아이패드를 쓰다 보니 맥북이 사고 싶다.

맥북을 쓰다 보니 매직 마우스를 사고 싶다.

그리고 2년 뒤, 신상 아이폰을 구매하러 애플 스토어로 향한다. 이렇게 사람의 만족에는 끝이 없다. 사람은 정말 원하는 것을 가지면 평생 행복할 것 같다. 하지만 행복감은 그리 오래가지 않는다. 동일한 크기의 행복감을 쟁취하기 위해 다음과 같은 행동을 해야 한다.

1) 새로운 무언가를 가진다
2) 더 높은 가치의 무언가를 가진다

아이들도 마찬가지다. 원하고 바라는 것에는 끝이 없다.

A라는 선생님은 3월 둘째 주, 수학 학습지를 다 풀었다는 보상으로 마이쮸 하나를 준다. 처음에 아이들은 달콤하고 쫄깃한 마이쮸를 먹으면서 정말 행복해한다. 하지만 아이들은 하루, 이틀, 일주일 매일 마이쮸 한 개를 먹다 보니 전보다 행복함이 덜하고 무언가 부족함을 느낀다. 점점 수학 학습지를 끝내야겠다는 의지가 사라진다. 그것을 눈치챈 선생님은 특단의 조치를 내린다.

마이쮸를 한 개에서 두 개로
두 개에서 세 개로
마이쮸에서 몽쉘로
몽쉘에서 초코송이 한 봉지로
보상의 크기와 빈도를 점점 늘려간다.

'하지만 결과는 어떨까?'

아이들의 만족감은 날이 가면 갈수록 낮아진다. 결국, 선생님의 지갑이 얇아짐과 동시에, 문제를 열심히 풀어야겠다는 아이들의 의지도 얇아진다. 사실 위의 사례에서 누구 하나 잘못하지 않았다. 아이들은 본능에 따라 행동했을 뿐이다. 이렇게 인간은 본능적으로 만족에 끝이 없도록 설계되어 있다.

'그럼 어떻게 하면 인간의 본능에 거스르지 않으면서도 만족감을 배로 높일 수 있을까?'

그래서, 심리학 책 백여 권을 읽은 B라는 선생님은 특단의 조치를 내린다.

1) 선생님이 생각하는 보상의 최대치를 미리 설정하자
  두 교시동안 영화 보며 과자 파티하기

2) 그것에 맞게 보상의 출발점을 최저로 낮추자

선생님의 칭찬 → 선생님의 박수 → 반 아이들 모두의 박수 → 마이쮸 한 개

3) 보상은 계단식으로 올리자

5주 마이쮸 한 개 → 10주 마이쮸 두 개 → 20주 자리 바꾸기 교환권 한 장 → 뽑기 1회권

4) 보상을 불규칙적으로 주자

수업 세 번 동안은 마이쮸를 제공하지 않음 → 네 번째 수업에서 마이쮸 제공

5) 보상만큼 처벌도 확실하게 주자

목표를 달성하지 못한 아이들이 있으면 마이쮸를 주지 않는다.

이렇게 특단의 조치를 내린 B라는 선생님이 아이들을 만난 지 11주가 지난 지금까지 사용한 보상은(학교에서 전체적

으로 제공하는 어린이날 선물을 제외하고)

'더도 말고 덜도 말고, 마이쮸 한 봉지이다.'

11

바로 그날, 아이들은
인생의 값진 경험을 쟁취했다

학년 체육대회가 있었다. 종목은 줄다리기였다. 체육대회를 하기 전 같은 학년 아이들끼리 이야기를 나눴나 보다.

이미 1등 후보로 체격이 크고, 운동부가 많은 반을 점 찍어 놓았다. 우리 반은 다른 반 아이들에 비해 체격이 작아 순위에도 들지 않았던 모양이다. 아이들은 체육대회 시작 전부터 의기소침해져 있었다. 사실, 이길 생각이 없었다는 말이 더 정확하다. 하지만 나는 안다. 마음가짐의 중요성을.

'이기고자 하는 마음이 있다고 무조건 이기는 것은 아니지만 이기고자 하는 마음이 없으면 당연히 진다.'

이대로 운동장에 가면 안 되겠다는 생각이 들었다.

'우선, 이길 수 있다는 마음가짐으로 만들어 놓자.' 속으로 다짐했다.

줄다리기 30분 전

아이들을 책상에 앉혀 놓고 말을 꺼냈다.

"줄다리기 잘하는 법을 발표해 보자."

"손을 엇갈려요~"

"힘이 세고 무거운 친구를 뒤에 배치해요~"

"무게중심을 뒤로해요~"

"음, 그렇지. 시언이와 기안이의 방법을 포함해서 선생님이 딱 네 가지 방법만 알려 줄 거야. 네 가지만 하면 줄다리기 1등 할 수 있어. 한 번만 말할 거니깐 잘 들어, 알겠지?"

1) 앞, 뒤로 힘이 세고 체격이 큰 친구를 배치해

2) 손을 엇갈려 잡아

3) '하나 둘 하나 둘' 구호를 외치고, '하나'에 줄을 당겨

4) 그리고 무조건 누워. 어차피 상대방 아이들이 힘을 주고 당길 것이기 때문에 누워도 넘어질 일 없어. 따라서 넘어지지 않을 정도로 최대한 누워

이렇게 아이들과 함께 전략을 세우고, 줄넘기를 주며 말했다.

"이제 선생님이 알려 준 대로 연습할 거야 딱 세 번 연습할 거고, 선생님이 만족하면 세 번에서 끝낼 거야."

스물네 명의 아이들이 줄넘기 앞에 섰다.

"시작!"
"하나. 둘."

아이들은 작은 목소리로 구호를 외쳤다. 아니 사실 대다수가 구호 없이 당겼다.

"애들아, 목소리 어떻게 해야 해?"

"크게요!"

"그렇지 다시 하자, 시작!"

"하나! 둘! 하나! 둘!"

두 번째 연습에서 아이들의 목소리가 커졌다.

하지만, 아이들은 팔 힘으로만 줄을 당길 뿐 뒤로 눕는 자세를 취하지 않았다.

"자세는 어떻게 하라고 했지?"

"누우라 했어요!"

"그렇지 마지막이다. 시작!"

"하나! 둘! 하나! 둘!"

아이들이 구호는 세차게 하고, 넘어지지 않게 누운 상태로 줄을 당겼다. 역시나 처음보다 두 번째, 두 번째보다 세 번째 줄을 당기는 속도가 빨라졌다.

"좋아. 이대로만 하자! 알겠지?"

"네!"

"그리고 만약 너희들이 1등을 하면 선생님이 내일 배움 공책, 수학 학습지 풀기 하루 빼 준다!"

"와!!"

아이들의 사기는 최고치를 찍었다.
아이들은

1) 줄다리기를 잘하는 방법을 알았다
2) 세 번 반복해서 연습을 했다
3) 완벽한 동기부여를 가졌다

선생님으로서 할 일은 다 했다는 생각이 들었다. *아이들을 이길 수 있다는 마음가짐으로 만들어 놓았다.*

그렇게 20분이 흐르고

운동장으로 모든 반이 모였다. 역시나 덩치 크고, 키가 큰 아이들이 우리 반 양옆으로 섰다.

…

선수 입장이다.

선수들은 줄다리기 줄 옆에 섰다. 아까 연습한 대로 자리를 지키며 시작 신호를 기다렸다.

"준비, 땅!"
"하나! 둘! 하나! 둘!"

처음 기세는 좋았다. 하지만, 하나둘씩 힘들고 지쳐 줄을 놓고 포기하고 싶은 얼굴들이 보였다.

"애들아, 누워! 누워!"
"하나! 둘! 하나! 둘!"

아이들과 구호를 함께 외쳤다.

…

"자, 그만!"

그렇게 아이들은 찡그린 표정으로 힘듦을 온몸으로 표현하며 줄을 놓았다.

"승자는… 3반!"
"와!!"

이겼다. 우리 반이 이긴 것이다!
모두가 환호성을 질렀다. 아이들의 얼굴에 웃음꽃이 활짝 피었다. 아이들이 신나 하는 모습에 나도 덩달아 기뻤다. 그렇게 첫 경기를 마친 후 사기가 하늘을 찌른 우리 반은 준결승도, 결승도 이겨 버렸다. 우승 후보에도 없던 우리 반이 우승 후보 세 반을 제치고 1등을 쟁취했다!

…

줄다리기가 끝나고 다시 반으로 모였다.

"얘들아. 처음에는 '우리가 이길 수 있을까?'라는 마음으로 시작했을 거야. 하지만 20분, 짧은 시간이지만 줄다리기를 연습했어."

"그리고 10초, 짧은 시간이었지만 줄을 당기는 것이 힘들어서, 팔이 아파서 줄다리기를 포기하고 싶은 순간들이 있었을 거야. 하지만 너희들은 우승을 위해서 끝까지 줄을 당겼지. 그래서 어떻게 됐어?"

"결국 우리 반이 1등을 했지. 힘들고 지치더라도 포기하지 않고, 1등을 쟁취한 너희들을 위해 인정의 박수를 크게 치자!"

"짝짝짝짝짝!"

…

체육대회가 끝나고 느낀 점을 적는 시간이 있었다. 아이들이 적은 느낀 점을 훑어보면서 선생님인 나도 많은 것을 깨달았다.

'자그마한 체육대회에서도 값진 교훈을 얻을 수 있구나.'
'그리고, 교사의 역할이 정말 중요하구나.'

대부분의 아이들이 적은 느낀 점이다.

'체육대회를 하면서 느낀 점은 안 될 것 같거나 어려운 일이 있더라도 한번 부딪혀 보고, 최선을 다하면 된다는 것을 알게 되었다.'
'앞으로는 힘들 거라고 생각하는 일도 포기하지 않고, 최선을 다하겠다.'

우리 반 아이들은 그날 줄다리기 1등 타이틀만 쟁취한 것이 아니었다. 우리 반 아이들은 그날 인생의 값진 경험을 쟁취했다.

'힘든 일도 포기하지 말자!'

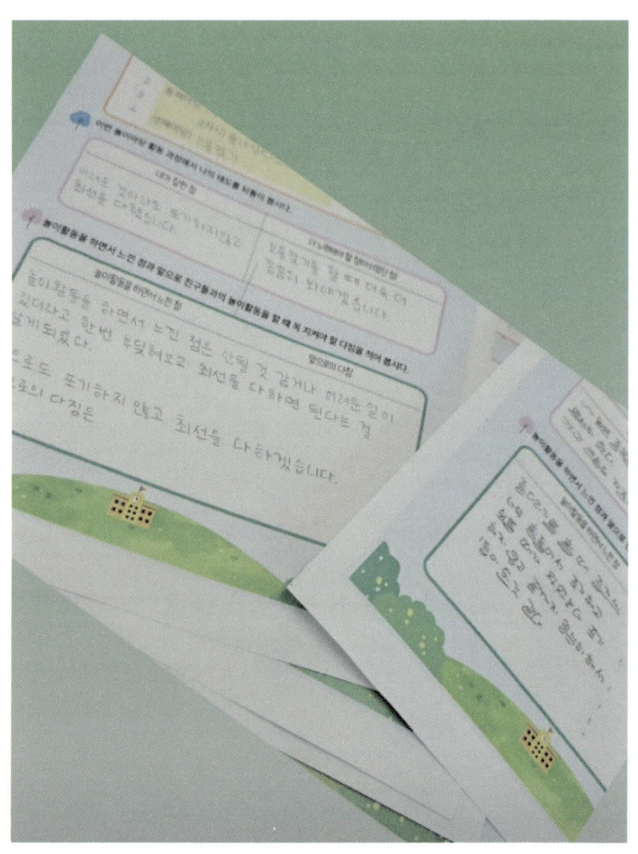

포기하지 않고 끝까지 최선을 다하면 무엇이든 할 수 있다!

(12)

아이들 마음에
질서가 깃들 때까지

질서가 깃들기 전 신발장의 모습이다.

모든 일은 시작이 있으면 끝이 있다.

'시작이 반이다.'라는 말과 함께
'유종의 미'라는 말이 있듯이

나는 시작만큼 끝도 중요하다고 생각한다.

   내가 원하는 반은 시작부터 끝까지 정돈되고 차분한 반이다. 항상 정돈되어 있어야 뇌가 최대의 효율을 낼 수 있고, 항상 차분한 마음으로 있어야 공부할 준비가 완성되기 때문이다.
   물론 처음에는 안되었다.
   하지만 될 때까지 만들었다.

아이들의 정돈된 마음이 한눈에 보이지 않는가?

이것이 진정한 '교육의 효과' 아닐까?

하루 10분의 기적, 아이들이 달라졌다

13

한계를 넘는 순간
성장은 시작된다

교사가 된 나도 그럴 때가 있었다.

임용고시를 공부할 당시 어느 시점부터 공부가 하기 싫어졌다. 하기 싫은 마음을 제쳐 두고, 스터디카페에 앉아 있으면 깨끗한 스터디카페임에도 불구하고 계속 기침이 났다. 눈에서 눈물이 나고 코에서 콧물이 났다. 하지만, 공부를 마치고 집으로 가는 길, 또 친구들과 함께 여행을 떠날 때는 여러 아픔들이 만병통치약을 먹은 것처럼 말끔하게 사라졌다.

아이들도 마찬가지다.
어떤 아이들은 혼나는 상황을 벗어나기 위해 눈물을 흘린다.

어떤 아이들은 혼나는 상황을 벗어나기 위해 갑자기 기침을 쏟아 낸다.

어떤 아이들은 혼나는 상황을 벗어나기 위해 말이 많던 아이가 침묵한다.

이처럼, 아이들은 혼날 때 혼나는 상황을 벗어나기 위해 각자만의 '회피 행동'을 한다. 이런 '회피 행동'을 했을 때 지금까지 혼내왔던 사람들은 혼내는 행위를 멈췄을 것이다. 그럼 아이들의 마음속에는 이런 생각이 피어난다.

'아, 내가 울기 시작하면 더 이상 싫은 소리를 안 들어도 되겠구나.'

하지만, 이러한 상황이 반복되면서 아이들의 뇌에 '회피 행동'이 무의식적으로 각인된다. 다시 말해 쓴소리를 하는 선생님에게 본능적으로 '회피 행동'이 발동돼 혼내는 것을 그만하라는 무언의 압박을 가한다.

나 또한 임용고시를 재수할 당시 뇌가 온몸을 향해 공부를 그만하라는 무언의 압박을 보냈다. 그렇게 기침하고, 눈물을 흘리고, 콧물을 흘리는 회피 행동들이 본능적으로 나왔다. 하지만 이 힘든 공부를 3수까지 하기 싫었다. 따라서 회피 행동을 뛰어넘기 위해 카페, 집, 길거리를 전전하며 나의 몸 상태에 맞는 최적의 장소를 찾아다니며 공부했다. 그리고 결국, 임용고시 합격이라는 쾌거를 얻어 냈다.

이렇게 나는 진정한 배움은 무의식적으로 자신을 방해하는 '회피 행동'을 이겨 내고 자신의 한계점을 돌파할 때 나타난다고 생각한다. 따라서 나는 아이들에게 말한다.

"얘들아, 나는 너희들이 울거나, 기침하거나, 침묵해도 그냥 넘어가지 않을 거야.

선생님은 너희를 교육할 의무가 있고, 교실을 나서면 한 걸음 더 성장한 사람이 되도록 하는 데 헌신이 있어. 따라서 너희들이 아무리 울고, 기침하고, 침묵해도 선생님은 너희들이 더 나은 사람이 될 때까지 계속 쓴소리를 하며 교육할 거야.

그니깐 회피하는 행동들을 포기하고 대신에 내가 무엇을 잘못했는지 생각해 보고, 앞으로는 어떻게 행동할 것인지 선생님에게 새로운 약속을 줘.

그럼, 선생님은 너희들이
한 걸음 더 나은 학생이 되었구나.
한계를 뛰어넘을 준비가 되었구나.
생각하고 그때 쓴소리를 멈출 거니까."

(3장)

수업 태도

아이들을 단숨에 사로잡은 노하우, 그 숨겨진 비밀

14

우리 반 선생님은 손을
내리고 있지 않으면 아무것도 안 해

우리 반에는 모든 시간을 관통하는 한 가지 약속이 있다.

이 약속을 지키지 않으면 우리 반 수업은 멈춘다. 이 약속을 모두가 지킬 때까지 선생님은 아무것도 하지 않고, 우리들을 바라만 본다. 5분이 지나도 10분이 지나도 이 약속을 지키지 않으면 선생님의 수업은 시작하지 않는다. 그리고 모두가 그 약속을 지키면 선생님은 다시 수업을 시작한다.

이 약속은 바로

'활동이 끝났으면 손을 내리는 것이다.'

...

첫 주 학급 세우기 시간 중

새로운 학급에서 지켜야 할 규칙을 설명하는 시간이 있었다. 선생님은 우리에게 말했다.

"애들아, 우리 반은 어떤 활동이 끝나면 손을 내려야 해. 손을 내리고 조용히 하는 것은 앞의 활동이 끝났고, 다음 활동을 시작할 준비가 되었다고 선생님께 알려 주는 신호야."

...

이렇게 말하고 며칠 후

우리 반의 반 이상이 활동이 끝나도 손을 내리지 않았다. 선생님은 3분이고 5분이고 우리 모두가 손을 내릴 때까지 기다렸다. 그리고, 손을 내릴 때까지 걸린 시간만큼 우리들의 놀이시간은 줄어들었다. 처음에는 모두가 손을 내리는 데 정말 5분이 걸렸다. 그리고 선생님은 정말 5분 늦게 수업을 끝내줬다.

일주일 후

우리 모두가 손을 내리는 데 1분이 걸렸다.

그리고 선생님은 정말 수업을 1분 늦게 끝내 줬다.

두 달 후

우리 모두가 손을 내리는 데 10초가 걸렸다.

그리고 선생님은 수업을 정말 제시간에 맞춰서 끝내 줬다. 이렇게 우리 반은 활동적인 프로젝트 시간에도, 모두가 단소를 불어 통제가 어려운 음악 시간에도, 활동이 끝난 뒤 모두가 손을 내리며 조용히 선생님을 바라보는 데 10초도 안 걸렸다.

…

오늘

할리갈리를 하는 시간이 있었다. 아이들은 게임할 준비가 끝났지만 모두 카드를 내려놓았다.

다음과 같은 말을 속삭이면서

"우리 반 선생님은 손을 내리고 있지 않으면 아무것도 안 해."

그리고 시작 사인과 동시에
아이들은 바닥에 있던 할리갈리 카드를 들고 게임을 시작했다.

15

수업 시간 몰입도를 높인 '한 문장'

5교시 미술 시간

색의 3요소에 관해 설명하는 시간이었다.

"자, 색의 3요소에는 색상, 명도, 채도가 있어요. 색상은 색의 고유한 성질, 명도는 색의 밝고 어두운 정도, 채도는 색의 맑고 탁한 정도예요."

이론 설명을 마치고 난 후 물어본다.

"색의 3요소에는 어떤 것이 있을까요? …나래야?"
"색상, 명도, 채도가 있어요."

"그렇지, 그럼 색의 고유한 성질을 무엇이라 할까, 기안아?"

"음… 잘 모르겠어요."

"기안이를 도와서 이야기해 줄 사람?"

"그래 기범이가 이야기해 보자."

"색상이요."

"그렇지. 기안아 다시 색의 고유한 성질이 뭐라고?"

"색상이요."

"그렇죠. 앞으로, 이렇게 무작위로 한 명씩 지목할 거니깐 수업에 집중합시다. 알았죠?"

"다음. 색의 맑고 탁한 정도가 뭘까? …시언아?"

"채도요."

"그렇지"

이렇게 아이들에게 무작위로 지목해서 발표시킨다는 이야기를 하고,

실제로 무작위로 지목해서 발표시키면

모두가 초롱초롱한 눈으로 선생님을 바라본다.

묘한 긴장감과 함께

아이들의 수업에 대한 몰입도는 180도 달라진다.

16

침묵, 교실을 바꾸는 가장 강력한 도구

사람들은

다양한 상황에서 본능적인 두려움을 느낀다.

사람들의 앞에 서서 발표하는 것

또래와 다름을 느끼는 것

눈앞에 있는 야생동물이나 벌레를 보는 것

등등

지금 이 글을 읽는 것만으로도 주춤했을지 모른다. 그만큼 이 두려움들은 인간의 무의식 속에 깊게 각인되어 있다. 그중 지금 소개할 두려움은, 교사가 학급 운영에 곧바로 적용할 수 있을 만큼 강력하면서도 소중하다.

바로 '침묵의 두려움'이다.

『침묵의 힘, 침묵의 기술』은 시중에 팔리고 있는 유명한 책이다. 실제로 침묵이라는 것은 두려움을 느끼게 하는 정말 강력한 도구다.

'왜 그럴까?'

그 이유는 진화 심리학에서 찾을 수 있다. *사람들은 모르는 것에 대한 본능적인 두려움이 있기 때문이다.* 70만 년 전 사람들에게 모르는 것은 죽음과 직결되었다.

…

'그렇다면 왜 교실에서도 침묵은 강력한 두려움일까?'

그 이유는 선생님이 침묵하는 순간 학생들의 머릿속에는 한 가지 사고가 돌아가기 때문이다.

'선생님이 왜 조용히 하고 있지?'

그 한 가지 질문은 뇌의 연상 작용으로 인해 학생들 뇌의 여러 부분을 '땅'하고 건드린다. 그럼, 자연스럽게 수십, 수백 가지의 답을 모르는 질문들이 빛의 속도로 빠르게 생겨난다.

'선생님께서 화가 나셨나?'
'저번 시간에 한마디 하시기 전에 조용하셨잖아.'
'내가 말을 잘못했나?'
'아까 친구들한테 잘못한 것이 있었나?'
'지금 나의 자세가 마음에 들지 않는 걸까?'
등등

이렇게 아이들의 뇌는 답이 모호한 질문들을 본능적이고 무의식적으로 만들어 낸다. 그 질문들이 쌓이며 아이들의 무의식속 두려움은 점점 커져간다. 그리고 그 두려움에서 벗어나기 위해, 아이들은 스스로 잘못된 행동들을 하나둘씩 고쳐가기 시작한다.

이것이 바로 침묵의 힘이다.
이것이 바로 침묵의 기술이다.

이처럼 침묵이라는 강력한 도구를 통해 소리를 지르거나 화를 내지 않아도 본능적인 두려움을 유발할 수 있다. 그리고 원하지 않는 행동이 발생할 확률을 획기적으로 낮출 수 있다.

이로써
우리는 당근과 채찍을 동시에 쥐고
진정한 교육을 할 수 있는 교사가 될 수 있는 것이다.

17

목소리를 낮추자
교실이 숨죽였다

대학교 2학년 첫 실습 때 일이다

밤새 두 교시 분량의 수학 스토리텔링 수업을 만들고 스스로 만족하면서 첫 수업에 들어갔다.

속으로는

'애들이 엄청 재밌어하겠지?'
'앞으로도 나 같은 선생님은 보지 못할 거야.'

한껏 부푼 자신감으로 큰 기대를 하면서 수업에 들어갔다.

수업 5분 후

'*나의 가정이 잘못되었다는 것을 깨달았다.*'

아이들이 내 수업에 당연히 집중할 것이다.
내가 말할 때는 쥐 죽은 듯이 조용히 할 것이다.
너무 당연하게 가정했다.

하지만 아이들은 아이들이었다. 수업을 하면 할수록 아이들은 더욱 소란스러워졌다. 아이들이 소란스러워지니 내 목소리도 커졌다. 내 목소리가 커지니 아이들의 목소리는 더 커졌다. 그리고 어느 순간부터 내가 무슨 말을 하고 있는지도 모르는 상태로 그냥 준비한 수업이나 끝내자는 체념과 함께 수업을 꾸역꾸역 진행했다.

그렇게 무엇을 했는지 생각나지 않을 정도로 정신없게 나의 첫 수업이 끝났다. 당연히, 수업 후 나의 목소리가 잠겼다. 수업이 끝나고 수업 나눔을 할 때 목소리가 안 나왔다. 두 교시 분량의 수업만 진행했는데 말이다.

수업이 끝난 후

첫 수업의 실패로 좌절감에 빠져 있을 때, 연차가 높으신 부장 선생님께서 한 가지 조언을 해 주셨다.

"선생님, 아이들의 태도는 선생님의 목소리에 따라 달라져요."

"선생님이 목소리를 높이면 아이들은 오히려 흥분하며 더 소란스러워져요.
하지만, 선생님이 목소리를 낮추면 아이들은 선생님 말씀에 점점 집중합니다.
그리고 자연스럽게 조용한 분위기가 형성되고요.

몇 년 뒤, 교사가 되면 저를 믿고
목소리를 낮추고 차분하게 말해 보세요.
그러면, 아이들이 선생님 말씀에 더 집중할 거예요."

처음 이 말씀을 들었을 때, 예상치 못한 조언에 충격을 받음과 동시에, '정말 목소리를 낮추기만 해도 아이들이 차분해지고 선생님 말에 집중할까?' 하는 의심이 들었다.

그렇게 7년이 흘렀다
그리고, 5학년 담임을 맡았다
'그리고, 정말 놀라운 기적을 경험했다.'

아직도 의심을 품고 있었던 나는
'무엇이든 한 번 시도해 봐서 나쁜 것은 없다.'라는 생각에 부장 선생님의 말씀을 실천에 옮겼다.

"주목!!"

처음에 큰 소리로 말했다.

"주목."

그리고 더 작은 목소리로 말했다.

그랬더니 정말 아이들 사이에서 정적이 흐르는 것이다. 그리고, 더욱 차분해진 모습으로 선생님을 바라보기 시작했다. 내가 느끼기로는 선생님의 말씀을 들어야 할 것 같은 무언의 압박이 아이들의 뇌리에 스친 것 같았다. 기적 같은 일이었다.

'와, 먼저 목소리를 낮추고 차분해지면, 아이들도 조용해지면서 차분해지는구나.'

큰 깨달음을 얻은 뒤로 아이들이 소란스러워지고 흥분하는 순간이 있으면 나부터 마음을 가라앉히고 조용하게 아이들을 주목시킨다. 그럼, 아이들은 정적과 함께 나를 똘망똘망한 눈으로 쳐다본다. 그리고 나의 말에 집중한다. 이제는 마이크 없이도 아이들을 집중시키고 차분하게 수업을 이어갈 수 있게 됐다. 또, 다시는 목이 쉴 일이 없어졌다.

18

아이들을 움직이는 본능의 힘

아이들은 항상 다른 친구들이 하는 것을 보고 따라 한다. 친구들이 티니핑 인형을 갖고 있으면 나도 가져야 한다. 친구들이 가방에 키링을 달고 있으면 나도 하나 달아야 한다. 이렇게, 아이들은 친구들과 다르면 압력을 느끼고 두려워하는 본능이 있다.

바로 '또래 압력'이다.

즉, 아이들은 다른 친구들과 같아지려는 본능을 가지고 있다. 이 또래 압력은 인간의 무의식 속에 뿌리 깊게 박혀 있는 본능인 만큼 자연스럽게 자신도 모르게 일어난다.

그만큼

또래 압력을 잘 활용하면 정말 획기적인 교육 방법이 되지만 활용하지 못하면 학급이 한순간에 붕괴된다.

왜냐하면, 잘못된 또래 압력에 교실이 지배당하면 공부를 잘 따라 하던 학생도, 공부를 안 하고 수업 시간에 노는 학생을 따라가기 때문이다. 따라서 선생님은 또래 압력이라는 무섭지만, 강력한 본능을 적절하게 잘 활용해야 한다. 다시 말해 또래 압력을 선생님의 말씀을 들어야 하는 강력한 이유로 만들어야 한다.

또래 압력을 선생님 편으로 만든 반의 모습은 다음과 같다.

"시언아 조용히 해, 지금 수업 시간이야."
"수업 시간에 누가 떠들어?"
"다들 활동 끝났으면 손 내리자."
"얘들아, 이제 자리에 앉아."

한두 명이 수업 시간에 물을 흐리려 해도 다른 친구들이 옆에서 선생님 말씀을 들어야 한다는 압력을 가한다. 그러면 물을 흐리려던 한두 명도 친구들의 압력에 의해 주위 친구들이 다 하는 대로 하게 된다. 그냥 자리에 앉고, 수업할 준비를 한다.

내가 또래 압력을 자주 활용하는 또 한 가지의 예시가 있다. 우리 반에는 수업에 끝까지 집중하지 못하는 학생이 있다. 그 학생은 처음에는 선생님의 설명을 듣고 잘하다가 시간이 지나면 어떤 것을 해야 하는지 잊어버린다. 나는 그 친구에게 똑같은 말을 반복하는 대신 다음과 같이 말한다.

"지금 주변 친구들이 어떻게 하고 있는지 봐 봐."

그럼 그 친구는 자연스럽게 친구들이 하는 행동을 보고 그대로 따라 한다.

이렇게 우리는 또래 압력이라는 무섭지만, 강력한 본능을 선생님의 편으로 만들 수 있어야 한다.

19

파블로프가 알려 준 교실 관리의 법칙

손짓

동작

침묵

말 한마디

이 네 가지로 아이들을 통제할 수 있다면 어떨까?

손짓 하나에, 아이들이 줄을 서고

동작 하나에, 아이들이 배움 공책, 꿈 노트, 교과서를 펼쳐 놓고

침묵 한 번에, 아이들이 스스로 잘못한 부분을 고치고, 자

세를 바로잡고

말 한마디에, 아이들이 한순간 조용해지고, 다 같이 앞을 보고 있다면

어떨까?

아마 목소리가 쉬는 일은 없을뿐더러, 학급 운영에 큰 힘을 쏟을 필요도 없을 것이다. 또한 퇴근 후에도 몇 시간 동안 하고 싶은 것을 마음껏 하고 즐길 수 있는 에너지가 남아 있을 것이다.

이것을 이룰 수 있는 방법이 있다.

바로 파블로프가 창시한 이론인
'고전적 조건 형성'이다.

물론 처음 한두 달, 아이들의 무의식에 고전적 조건을 형성하는 과정은 고되다.

1) 선생님이 어떤 표현을 하면, 아이들은 어떤 행동을 해야 하는지
2) 선생님이 원하는 행동을 하지 않으면, 아이들은 어떤 벌을 받는지
3) 선생님이 원하는 행동을 한다면, 아이들은 어떤 보상을 받는지

이러한 규칙들이 무의식 속에 정립될 수 있도록 선생님이 의식적으로, 지속적으로 반복하는 과정이 필요하다. 하지만, 한두 달의 반복과정을 거치면서 아이들은 본인도 모르게 선생님의 표현에 긍정적 반응을 하기 시작한다. 아이들은 본인도 모르게 조용히 해야만 할 것 같다. 본인도 모르게 자리에 앉아서 책을 읽어야만 할 것 같다. 본인도 모르게 쉬는 시간 5분 전에 앉아 있어야 할 것 같다.

이렇게 아이들은 자신도 모르는 사이, 수업 시간에 몰입할 수 있는 습관을 형성하게 된다.

앞으로도 다양한 심리학 학문과 연계하여 무의식적이고 본능적인 반응을 교육에 적용할 수 있는 방법을 지속적으로 연구 및 적용할 것이다.

20

모든 학생이 완벽할 수 있을까?

모든 학생이 완벽할 수 있을까?

모두가 지각하지 않고, 준비물을 챙겨오며

모두가 떠들지 않고, 교과서를 꺼내 놓고

모두가 수업 시간에 집중하며, 대답을 크게 하고

모두가 복도에서 뛰지 않으며,

오늘 하기로 한 학습지를 풀고

모두가 인사를 크게 하고, 의자를 집어넣고

모두가 조용히 반을 나가며, 실내화를 정리한다.

이렇게 모든 학생이 완벽하게 하루를 마무리하며 집에 갈 수 있을까?

정답은

'없다.'다.

당연히 모두가 완벽할 수 없다. 어른들도 완벽하게 통제할 수 없는 것을 학생들이 어떻게 모든 규칙을 지키며 지낼 수 있는가? 하지만 완벽에 가깝게 만드는 방법은 있을까?

정답은

'있다.'다.

'그럼, 어떻게 하면 될까?'

일단 인정해야 할 사실이 있다. 완벽이라는 것은 한 번에 툭하고 떨어지는 것이 아니라는 점이다. 한 번 교육한다고

해서, 한 번 말한다고 해서 모두가 선생님의 말씀을 들을 것이라고 생각하는 것은 무책임한 것이다.

따라서, 내가 생각하는 완벽은
'서서히 만들어 가는 것' 이다.

특히 아이들은 더 그렇다. 한 번에 완벽할 수는 없다. 처음 말했을 때 아이들은 말을 잘 들었을 것이다. 눈치를 보기 때문이다. 하지만 점점 아이들은 날씨와 함께 풀려간다. 여기서 교사의 역할이 정말 중요하다. 아이들이 풀려간다는 것을 앎과 동시에 다시 한번 아이들이 지킬 규칙을 강조하고, 아이들이 가져야 할 공부 습관을 상기시켜 주는 것. 이것이 완벽함에 다가갈 수 있는 유일한 방법이다.

이렇게 매일 반복하면
1년 뒤에
아이들의 공부 습관과 생활습관이 완벽함에 가깝게 형성되어 있지 않을까?

(4장)

교사 마인드셋

선생님이 곧 교실이다

21

수요일이
기다려지는 교실

수요일은 일주일의 절반이 지났음을 알린다.

아니 사실, 정신없이 흘러가는 수요일이기에 일주일의 2/3가 흘러간 것과 마찬가지다. 그렇게 목요일, 금요일이 찾아온다. 그리고 곧 있으면 달콤한 2박3일 휴가인 주말이 찾아온다.

"이렇게 생각하면 정말, 수요일이 기다려지지 않는가?"

다양한 철학 서적을 읽어 보면 여러 철학자들이 깊은 탐구 끝에 내린 결론이 있다.

바로

'사람의 삶은 그 사람의 마음가짐에 달려 있다.'라는 것이다.

사실,

아이들의 텐션이 가장 정점에 다다른 수요일이다.

하지만,

이번 주만큼은 관점을 바꿔서

'수요일이 기다려지는 교실'이라는

마음을 가져 보는 것이 어떨까?

22

모두가 가진 두려움 앞에
교사는 매일 선다

무대 공포증, 광장 공포증

시선 공포증, 주목 공포증

한 번씩은 들어 봤을 것이다. 하지만 사람들은 한 가지 착각을 하고 있다. 바로, 소수의 몇 명만 가진 질병이라는 것이다. 따라서 '*나는 없겠지?*'라고 생각하는 사람이 많다.

하지만 아니다.

벌레를 보면 나도 모르게 피하고, 음식을 보면 나도 모르게 침이 고이는 것처럼 이것은 사람이라면 누구나 가지고 있는 무의식에 내재해 있는 본능적인 두려움이다. 이 두려움이 깊은 무의식에 담겨 있는 이유는 다음과 같다.

...

　문명화가 일어나기 전 70만 년 동안 사람들 앞에서 말하는 것은 발표자의 생사가 달린 일이었다. 그 이유는 사람들 앞에서 잘못된 말을 전달하면 사람들은 더 이상 발표자의 말을 믿지 못하기 때문이다. 식량도, 자원도, 지낼 공간도 부족한 시대에 누가 믿지 못할 사람과 같이 살고 싶어 하겠는가. 그대로 잘못된 말을 전달하는 발표자는 그 무리에서 퇴출당한다.

　퇴출당하는 순간 그 사람은 죽은 것과 다름없다. 왜냐하면 거주지 밖은 호랑이, 사자 등 각종 맹수가 가득하며, 먹을 수 있는 음식이 없어 혼자서는 살아갈 수 없기 때문이다. 그렇게 사람들 앞에서 이야기하는 두려움은 70만 년간 누적됐다.

...

70만 년의 세월이 지나고 태어난 우리는 본능적으로 다른 사람 앞에서 말할 때 두려움이 있다. 이것은 뿌리 깊게 박혀 있는 것이라 정도의 차이만 있을 뿐 모두가 가지고 있는 당연한 본능이다.

하지만, 교사는 정말 대단하다.

매일 교실이라는 무대 앞에 서 있지 않는가?
매일 아이들 앞에서 하루 여섯 시간 동안 수업하지 않는가?

집에서 그냥 쉬고 싶은 날에도, 사람 앞에 서기 싫은 날에도 기분이 안 좋은 날에도, 위축된 날에도

그럼에도 불구하고
교실 앞에 서서 아이들을 가르치지 않는가?
사람으로서 본능적으로 느끼는 주목 공포증을 매일 매 순간 이겨 내고 교단 앞에 서서 아이들을 가르치지 않는가?

정말 멋지다.

정말 대단하다.

모두가 가진 두려움 앞에 매일 서는 사람

그 사람은 바로

선생님이다.

23

선생님의 존재 자체가 교육이다

아이들은 반 이상의 시간을 학교에서 보낸다.

그리고, 아이들은 존경스러워서 닮고 싶은 누군가, 되고 싶은 누군가를 모델링하며 자아상을 확립해 간다. 가정에서는 존경스럽고 닮고 싶은 누군가는 부모님이다. 그럼 학교에서는 누구인가?

바로 선생님이다.

이렇게 아이들은 선생님의 행동, 말투, 표정을 본능적으로 따라하며 자연스럽게 학습한다. *따라서 선생님의 존재 자체가*

교육인 것이다.

내가 아이들의 모델로서 실천하고 있는 것은 바로 책 읽기다. 나는 항상 손에 책을 들고 있다. 출근하고 아이들을 맞이할 때, 아침 활동 시간에, 중간 놀이 시간에, 점심시간에 아이들을 보내고 난 뒤에도 항상 손에 책을 들고 있다. 아마 아이들은 나를 책과 사랑에 빠진 선생님으로 볼 것이다. 다행이도 나의 행동이 무색하지 않게 우리 반에서 모델링의 효과가 천천히 나타나고 있다. 우리 반 아이들도 책을 읽는다. 언제나 책을 손에 들고 있다.

1) 아침 활동 시간에 7단계 루틴이 끝나면 자연스럽게 책을 읽는다
2) 수업 시간에 활동이 끝나면 자연스럽게 책을 읽는다
3) 심지어 쉬는 시간에도 몇몇 아이들은 책을 읽는다

이렇게 책을 읽는 것이 아이들의 삶 속에 자연스럽게 스며들었다. 하지만, 나는 아이들이 책을 읽는 것이 평생의 습관이 되어 우리 반일 때뿐만 아니라 밖에서도 손에서 책을 놓

지 않는 성인으로 성장하길 바란다.

따라서 모델링의 힘을 점점 믿어가는 나는

지금도,

손에 책을 들며 아이들을 맞을 준비를 한다.

24

아이들은 실수가 아닌
태도를 기억한다

교사도 사람이다.

사람인 만큼 누구나 실수하기 마련이다.

우리는 매일 여섯 시간의 수업을 진행한다. 어떻게 글자 하나 행동 하나 실수하지 않고 수업, 학급 운영, 그리고 생활 지도까지 하겠는가. 실수를 안 하는 것은 불가능하다.

따라서 나는 실수를 안 하는 것보다, *실수에 대처하는 태도를 달리하자고 생각했다.*

학생들을 포함한 대부분의 사람들은 무의식적으로 다른 사람들에 대해서 생각할 때, 그 사람의 외적인 모습들을 보고 판단한다. 그 사람의 내적인 마음가짐보다 그 사람에게서 나타나는 행동, 표정, 말투를 바탕으로 판단한다.

그럼 두 선생님 A, B에 대한 예시를 보자.

A라는 선생님은

실수를 하는 순간 당황스러워하며 어쩔 줄 몰라 한다. 따라서 실수를 수습해야겠다는 급한 마음에 미안하다는 말을 반복하고 눈에 띄게 우왕좌왕한다.

B라는 선생님은

중간에 실수했지만 차분하게 실수임을 인정하고, 실수한 부분을 정정해서 다시 이야기한 후 다음 진도로 넘어간다.

같은 실수를 한 상황에서 어떤 선생님이 더 믿음직스럽고 신뢰가 가는가?

B 선생님이다.

A 선생님과 같은 반응과 태도는 점점 아이들의 신뢰를 잃어 간

다. 아이들은 선생님의 말씀을 믿지 않고 오히려 선생님의 말씀이 맞는 것인가 의심부터 하기 시작한다. 이러한 태도가 반복되면 선생님에 대한 신뢰가 깨지게 되고 '믿을 수 없는 선생님에게 무엇을 배울 수 있는가?'라는 생각과 함께 서서히 학급 분위기에 금이 가기 시작한다. 따라서 실수하더라도 당황하는 것이 아닌

'평소의 말투, 표정, 행동 등을 그대로 유지하며 의연한 태도로 실수를 정정하고 다음 수업 장면으로 넘어가야 한다.'

실수 한 번 했다고 큰일 나지 않는다. 하지만, 실수를 대처하는 태도는 아이들의 기억에 남는다. 실수는 실수일 뿐이고 실수를 그 자리에서 당당하게, 아무 일 없다는 듯이 정정하고 의연하게 넘어가면 되는 것이다.

하지만 여기서 간과하면 안 되는 사실이 있다. 그런 의연한 대처에도 불구하고 똑같은 실수가 반복되면, 실수를 계속하는 믿을 수 없는 선생님으로 아이들의 인식이 전환될 가능성이 크다. 따라서 한 번 실수를 하면 그 실수는 다시 하지 않도록 반성과 성찰을 한 후 지속적으로 계발해야 한다.

25

도달할 수 없는 목표에
도달하는 방법

3월

아이들이 정말 말을 잘 듣는다. 줄을 설 때 모두가 조용하게 앞을 보며 서 있다.

나는 정말 뿌듯했다. 하지만,

"아직, 3월이라 말을 잘 듣는 거예요."

4월

지각 한 명 없이 모두가 9시 전에 도착해 있다. 교과서, 존재판, 꿈 노트, 배움 공책을 펼쳐 놓고 조용하게 앉아 있다. 심지어 안 해 온 사람이 없다.

나는 정말 뿌듯했다. 하지만,

"아, 애들이 아직 선생님 기에 눌려서 그런 거예요. 조금만 기다려 봐요~"

5월

아이들이 정말 잘한다. 수업 중 본인의 행동이 끝나면 다 손을 내리고 조용히 기다리고 있다. 준비한 수업보다 일찍 끝나는 경우가 비일비재하다. 아이들은 쉬는 시간이 끝나기 5분 전, 점심시간이 끝나기 10분 전, 자리에 앉아 교과서를 펼치고 수업 준비를 하고 있다.

나는 정말 뿌듯했다. 하지만,

"아직 5학년이라 말을 잘 듣는 거예요. 2학기만 되면 엄청나게 풀릴걸요?"

"남자 선생님이라 말을 잘 듣나 본데요?"

추측건대, 12월까지 이 말들을 계속 들을 것이다.

따라서, 5월까지 이 말들을 듣고 다짐했다.

"다른 선생님들의 인정보다, 본인 자신을 인정하는 사람이 되자."

저경력 교사이긴 하지만, 또 남자 선생님이긴 하지만 100일간의 학급 운영의 결과들을 모아 봤을 때 나름 체계적이고 성공적으로 학급 운영을 해 왔다.

오늘
아이들 모두가 단호한 학급 루틴을 성공적으로 따라왔다.

나는 정말 뿌듯하다. 왜냐하면,
'아이들은 정말 잘하고 있고, 앞으로도 잘할 것이기 때문이다.'

5장

퍼스널 루틴

아이들의 미래는 선생님의 오늘에서 시작된다

26

걷기, 커피, 그리고
책이 만드는 하루의 기적

매일 아침 내 눈에 보이는 장면이다.

5장 퍼스널 루틴

걷기

커피

그리고 책

단 세 단어로, 나의 아침을 고스란히 담을 수 있다. 나의 일상은 이렇다.

1) 아침 햇살을 맞으며 학교까지 20분 걷기
2) 학교 근처 카페에서 아이스 아메리카노 주문하기
3) 두 권의 책 읽기 (뇌 과학, 심리학…)

간단해 보이는 세 가지 루틴이다. 하지만 이 간단한 루틴을 실천하는 것만으로도 행복감과 삶의 의욕은 본능적으로, 무의식적으로 높아진다. 이유는 다음과 같다.

1) 20분 햇빛 보며 운동하기
2) 20분 낭독하기
두 가지 행동은 '세로토닌'이라는 호르몬의 분비를 촉진시킨다. 세로토닌이 분비되면 사람은 평온한 행복감을 느낀다. 우리가 대자연을 바라봤을 때의 황홀감, 달리기를 하다가 느끼는 뿌듯함과 같은 종류의 행복감이다. 하지만 행복감만 높아지는 것이 아니다. 평온한 행복감을 얻으면 자연스럽게 여유로워진다. 여유로워지면, 자연스럽게 학생들의 행동에 대한 감정 소모가 줄어든다. 감정 소모가 줄어들면 또 자연스럽게 아이들에 대한 통제력과 지도력이 높아진다.

아침 40분의 간단한 루틴만으로 행복감과 더불어 아이들에 대한 통제력과 지도력을 높일 수 있다.

3) 커피 마시기

커피는 각성 효과를 주고, 집중력을 높여 준다. 각성 효과와 집중력의 향상은 자연스럽게 삶의 의욕을 고양시킨다. 다시 말해 오늘 하루를 힘차게, 시작할 수 있다는 뜻이다.

걷기

커피

그리고

책

단 세 가지 간단한 루틴만으로도

매일 하루를

행복감과 삶의 의욕이 충만하게 시작할 수 있다.

27

MBTI P의 J화,
메모장에 담겨있는 하루

MBTI 검사를 하면 항상 P가 나왔다. 초등학생 때부터 대학생 때까지 다른 유형들은 바뀌어도 P만큼은 바뀌지 않았다. 워낙에 즉흥적인 것을 좋아하고 여유롭게 지내는 것을 좋아한다. 또한 반골 기질도 가지고 있어 머릿속에 계획이 있으면 괜히 그 계획을 따르기 싫었다.

그렇게 교사가 되었다. 그리고, 첫 수업을 진행했다. 수업이 끝나니 동학년 회의가 있다. 동학년 회의가 끝나니 수업을 만들어야 한다. 수업을 만들고 나니 개인 업무를 해야 한다.

"띵디디띵디딩"

업무를 하던 도중 메신저가 왔다. 메신저를 확인하던 도중

"띵디디띵디딩" 메신저가 또 왔다.

'아차! 깜박한 것이 있었다. 학년 업무도 해야 하지. 아차! 신규 교사 연수 숙제도 해야지!'

교사의 일은 정말 많다. 아이들만 잘 가르치면 된다는 것은 나만의 단단한 착각이었다.
출근 첫날, 하루 여덟 시간을 보내면서 뼈저리게 느꼈다.

'P로 살다가는 못 버티겠다.'
'여유로운 워라벨을 즐기기는커녕 나중에 까먹고 밀린 부분이 있으면 수습하는 것이 더욱 힘들겠다.'

그렇게 나는 본능적으로 학교라는 공간은 J로 살아야 함을 깨달았다. 깨달음을 얻는 순간 실천 계획을 세웠다.

'어떻게 하면 매일매일 생기는 수많은 종류의 일을 한눈에 알아볼 수 있을까?'

'어떻게 하면 수많은 종류의 일을 까먹지 않을 수 있을까?'

'어떻게 하면 수업을 할 때 정신없는 와중에도 내가 찾고 싶은 자료를 찾을 수 있을까?'

그에 대한 해답을 찾기 위해 다시 한번 책을 꺼내 들었다.

…

사람들에게 매일 아침 주어지는 주의력은 한정되어 있다. 따라서 중요한 일에 최대한 집중하기 위해서는 작고 사소한 일에 주의력을 빼앗기면 안 된다. 그럼 우리 뇌는 어떤 일들에 주의력을 부여할까?

1) 변하는 것과 중요한 것
2) 해결되지 않은 사건

다시 말해, 삶에서 변화되는 부분과 해결되지 않는 부분들을 최소화해야 우리의 주의력을 중요한 일에 사용할 수 있다는 것이다. 그럼,

1) 어떻게 변화되는 부분을 줄이는가

정답은 루틴을 만드는 것이다. 뇌는 매우 효율적이기 때문에 새롭게 나타나는 무언가에 주의력을 부여하고, 반복적인 행동이나 생각에는 주의력을 부여하지 않는다. 가장 익숙한 예시로, 처음 운전대를 잡으면 오직 운전에만 집중해야 하지만 운전을 많이 하다 보면 노래도 듣고, 수다도 떨고, 커피도 마실 수 있다. 이처럼 일상에서 반복되는 루틴을 많이 만들면 뇌의 주의력을 최대로 아낄 수 있다.

2) 삶에서 해결되지 않은 사건들은 어떻게 줄이는가

해결되지 않은 것들을 굳이 내 뇌가 기억할 필요 없도록 외부 매체를 적극적으로 활용하는 것이다. 메모장이나 캘린더에 아직 해결되지 않은 일이나 일정을 적어 놓으면 뇌는 그 일정을 기억할 필요가 없다. 그럼 자연스럽게 그 일정에

주의력을 부여할 필요가 없어지고, 뇌의 주의력을 최대로 아낄 수 있다.

...

위의 두 가지 내용을 바탕으로 교실에서 적용할 수 있는 세 가지 규칙을 만들어 바로 실천했다.

1) 업무 폴더 깔끔하게 정리하기
2) 매일의 수업, 업무용 메모장 만들기
3) 학교의 모든 일정은 핸드폰 캘린더에 옮겨 놓기

1) 업무 폴더 깔끔하게 정리하기

하루 10분의 기적, 아이들이 달라졌다

2) 매일의 수업, 업무용 메모장 만들기

```
6월 2일 (월)                                    6월 2일

아침 할 것
수학 학습지 인쇄하기


5월 30일 (금)                                   5월 30일

아침 할 것
안내장 - 주안, 독서록 써오기 추가.


5월 29일 (목)                                   5월 29일

아침 할 것
기행문 활동지 인쇄하기


5월 28일 (수)                                   5월 28일

아침 할 것


5월 27일 (화)                                   5월 27일

아침 할 것
기행문 습지 인쇄하기


5월 26일 (월)                                   5월 26일

아침 할 것
a4도화지 27장 준비


5월 23일 (금)                                   5월 23일
```

출근하면서 하루도 빠지지 않고 적은 메모장이다.

5장 퍼스널 루틴

```
매일 양식 (복사용)


아침 할 것

--------------------------
수업 지도안

아침활동
-인사
-준비물 점검 or 핸드폰 점검
-존재판 동그라미
-꿈노트에 어제 3가지 체크하기
-꿈노트에 오늘할 3가지 작성하기

1교시
2교시
3교시
4교시
5교시
6교시

마무리 활동
-알림장 적기
-오늘 가이드라인 잘 지킨 친구 이유와 함께 발표하기(단 다른 사람, 다른 이유 여야함)
-청소하고 인사하기
(청소점검 , 의자점검 , 실내화 점검)
--------------------------
끝나고 할 것

--------------------------
누적 사항 (일정) - 메신저, 회의내용 정리

--------------------------
질문 사항
```

계획은 구체적이고 세부적일수록 더 효과적이다.

이렇게 루틴을 만들고, 외부 매체를 적극적으로 활용함으로써 주의를 빼앗는 요소들을 최소한으로 줄였다. 또한 아껴 놓은 주의력을 교사로서 크게 신경 써야 할 학급 운영, 수업 준비, 그리고 나의 자아실현에 쏟아붓고 있다.

이렇게 나는 적극적으로
P의 J화를 진행시키고 있다.

(28)

나의 목표는
'가장 싫어하는 선생님'

나의 목표는

아이들이 가장 싫어하는 선생님이 되는 것이다.

나의 성격은 워낙 착하다. 현재, 동생 두 명과 함께 살고 있으며 남동생, 여동생 모두 있지만

동생들과 단 한 번도 싸운 적이 없다.

처음 기간제 교사를 합격하고

6학년 담임을 맡았다

그 당시 내 동생도 초등학교 6학년이었다. 따라서, 나는 6학년 아이들을 동생 대하듯 친절하게 해 주면 나를 좋아하고,

수업도 열심히 들을 것이라 생각했다. 하지만, 내 예상은 보기 좋게 빗나갔다. 학생들이 하는 모든 말을 경청하고, 학생들이 하는 부탁(아침 점심에 노래 틀기, 원하는 자리대로 급식 먹기, 교실에서 비행기 날리기 등)을 빠짐없이 들어주다 보니 *아이들에게 나는 친구 그 이상도 이하도 아니었다.*

  너무 착한 선생님이어서, 또 아이들이 원하는 대로 말과 규칙을 계속 바꾸는 선생님이어서 존경은 사라졌고 나의 신뢰는 바닥났다. 선생님의 말에 무게는 없어졌고 항상 무시당했다. 순식간에 학급이 붕괴되었다. 학급이 무너져 내리는 것을 눈앞에서 겪은 나는 *아이들에게 무조건 친절하고, 수용적인 선생님이 되지 말자고 다짐했다.* 다시 말해, 아이들의 연예인이 되지 말자고 다짐했다.

5학년 담임을 맡고 있는 지금
  나는 무서우면서도 재미있는 선생님이 되고자 다짐했고, 현재 말과 행동으로 그 다짐을 실천하는 중이다.

나는 이제 아이들의 말을 무조건 수용하지 않는다.

나만의 기준을 만들고 수용할지 말지 판단한 후, 좋은 의견이면 수용하고 도움이 되지 않으면 반려한다.

나는 이제 아이들이 하루 종일 행복하게 하지 않는다.

교실에서 뛰거나 장난치는 것, 소리치는 것, 때리는 것 등 당연히 혼나야 할 것들은 단호하게 한마디 한다.

나는 이제 아이들을 모든 시간에 자유롭게 놔두지 않는다.

수업 5분 전 자리에 조용히 앉아 있기, 바르게 줄 서기, 글씨 또박또박 쓰기는 학생으로서 당연히 가져야 할 공부 습관이다. 따라서 올바른 공부 습관을 만들 때까지 당근과 채찍을 골고루 준다.

그 외에도, 아침 시간에 놀지도 못하고 독서하고 공부해야 한다. 점심시간, 중간 놀이시간에 항상 5~10분 일찍 들어와서 교과서를 펼치고 앉아 있어야 한다. 교실에서는 비행기도 못 날리고 소리치지도 못하고 뛰지도 못한다. 수업 시간에 글씨를 못 쓰면 다 지우고 다시 써야 하고 발표 소리가 작으면 다시 크게 발표해야 한다. 내가 만약 학생이었어도 나 같은 선생님을 싫어했을 것이다. 아마 뒷말하며 욕하고 있을 수도 있다. 정말 답답하고 나를 힘들게 하는 선생님이라 생각할 것이다.

하지만 나는 지금 당장 좋은 선생님보다

지금은 나를 귀찮게 하지만 나중에 정말 도움이 되었던
공부 습관을 형성하는데 변곡점이 되었던
꿈을 찾는데 시발점이 되었던
자기 조절력을 갖추게 된 계기가 되었던

그런
기억에 남는
스승이 되고 싶다.

29

국밥 한 그릇,
막걸리 한 병에 담긴 위로

직업이 교사지만

매번 교육에 대해 생각하며 살 수는 없다.

물론, 어떻게 하면 좋은 교사가 될지, 아이들을 잘 지도할지, 학급 운영을 잘할지 연구하고 적용하며 시행착오를 겪는 것. 우리가 한평생 해야 하는 일이다. 하지만 그렇다고 개인의 생활을 없앤 채 교사의 일에만 몰두하는 것은 고되고, 힘들다.

그래서 오늘 하루 열심히 달려온 나를 위해

매일 저녁 선물을 준다.

저녁 루틴을 끝내고

한 시간

국밥 한 그릇과 막걸리 한 병 마시기

한 시간

넷플릭스 드라마 보기(〈슬기로운 의사 생활〉 등)

  두 가지 선물을 받은 뒤 침대에 누우면, 하루 동안 몰려왔던 걱정과 근심이 씻겨 나간다.

  그렇게 여섯 시간의 에너지 충전을 한 후

다시 힘내서

아이들을 가르치러 학교로 간다.

30

얘들아, 선생님도
매일 꿈을 향해 다가간단다

우리 반 아이들은 매일 꿈을 향해 한 발짝씩 다가간다.

그런데 얘들아,

선생님도 매일 꿈을 향해 한 발짝씩 다가간단다.

나의 꿈은

전국의 모든 아이들이 시험을 만점 받기 위한 공부, 수능을 잘 보기 위한 공부, 좋은 대학을 가기 위한 공부가 아닌

먼저 꿈을 찾고, 그 꿈을 이루기 위해서 매일 공부하고, 행동하는 *그런 꿈을 향해 나아갈 수 있는 삶을* 주는 것이다.

그러기 위해서는 일단 교육 제도를 바꾸고 싶다는 생각이 들었고, 그래서 교육학을 연구하겠다는 목표가 생겼다. 그리고, 그 꿈을 이루기 위해서 네 가지 루틴을 만들고 매일 실천하겠다고 결심했다.

1) 나부터 다양한 경험하기
2) 나의 반부터 실천하기
3) 매일 교육과 관련된 책 읽기
4) 교육학 및 교육 심리 연구를 위해 대학원 가기

이렇게, 평생의 꿈을 이루기 위한 네 가지 루틴을 매일매일 해 나가고 있다. 하루 성과로만 봤을 때 그렇게 대단하지 않다. 하지만, 조금씩 꾸준하게 꿈을 위한 행동들을 하다 보면 언젠가 대한민국의 모든 아이들에게 '꿈을 먼저 찾고, 그 꿈을 위해 노력할 수 있는 삶'을 줄 수 있지 않을까?

이렇게 애들아,
선생님도 매일 꿈을 향해 한 발짝씩 다가간단다.

에필로그

마음만으로는
아무것도 변하지 않는다

2025년 1월 1일 새해 목표다

1) 교직 생활 잘 적응하기
2) 책 출간하기

  책을 출간하고 싶었던 이유는 나와 같은 과정을 겪은 수많은 교사에게, 또는 나와 같은 과정을 겪을 수많은 예비 교사에게 나누고 싶은 것이 있어서다.
  바로, 두 번의 실패, 1,000일의 시간, 백 권의 책, 열 개가 넘는 강의. 이 책은 그 모든 치열함 끝에 도달한 진정한 교육이란 무엇인가에 대한 나의 해답이다.
  하지만 막상 행동하지 않았었다. 책을 쓰고 싶다는 생각은 있었지만, 방법을 몰랐다. 방법을 모르다 보니 자연스럽게 글을 쓰는 것을 미뤘다. 하지만 감사하게도 정말 좋은 기회가 찾아왔다. 인디스쿨(초등교사 사이트) 교단 일기 클럽이라는 곳에서 한 달에 열여섯 번 이상 일기를 쓰면 일기 쓴 것을 바탕으로 책 한 권을 출판해 준다는 것이다.

얼마나 좋은 기회인가?

사이트에 매일 글만 쓰면 책으로 옮겨준다니. '이번 기회에 책을 출판해 보자.'라는 생각에 드디어 글을 쓰기 시작했다. 호기롭게 시작한 글쓰기였지만 생각보다 시간이 오래 걸렸다. 글을 쓰다 보니 한 번 쓴 글로는 만족이 되지 않았다. 따라서 두 번, 세 번, 네 번 고쳐 쓰게 되고 두 시간이 돼서야 글 한 편을 완성했다.

이러한 과정들이 너무 귀찮아서 중간중간에 글쓰기 싫은 날도 많았다. 하지만, 하기 싫은 날에도, 하고 싶은 날에도 그냥 썼다. 글을 쓰기 귀찮은 날이면 일단 제목부터 쓰고, 마음속에 있는 아무 글이나 썼다. 우여곡절 끝에 목표로 한 서른 개의 글을 완성했고, 2025년 신년 목표였던 책 출판을 눈앞에 두고 있다. 내가 책을 쓰면서 깨달은 것은

'마음먹는 것보다 중요한 것은
바로 마음가짐을 뛰어넘는 행동'이라는 것이다.

책을 쓰겠다는 마음만 있으면 책이 나올 수가 없듯이 어떤 목표든 행동이 없으면 결과는 없다. 그리고 교사로서 우리 반 아이들에게도 '행동하지 않으면 결과는 없다.'를 몸소 알려 주고 있다.

우리 반 아이들은 꿈만 꾸는 것이 아닌
"꿈을 매일 실천하고 있다."

우리 반 아이들은 수업을 듣기만 하는 것이 아닌
"배움 공책을 씀으로써 들은 내용을 매일 복습하고 있다."

우리 반 아이들은 체육대회에서 이기자고 말로만 한 것이 아닌

"연습을 통해 줄다리기 1등이라는 쾌거를 쟁취했다."

우리 반 아이들은 잘못한 것에서 끝나는 것이 아닌

"잘못한 것에 대한 책임을 어떻게 질지 새로운 약속을 만든다."

우리 반 아이들은 책 읽기 목표만 세우는 것이 아닌

"매일 아침 책을 읽는다."

우리 반 아이들은 정리를 잘하자, 말로만 하는 것이 아닌

"실내화를 정리하고, 교실을 청소하는 것이 하루 루틴에 포함되어 있다."

우리 반 아이들은 공부를 잘하자, 생각만 하는 것이 아닌

"매일 행동함으로써 올바른 공부습관을 키우고 있다."

이렇게 우리 반 아이들은
매일 마음가짐을 뛰어넘는 행동을 하고 있다.

나의 반을 거친 아이들은 언젠가 꿈을 이룰 것이라 당연하게 믿는다. 왜냐하면 공부에 대한 근력, 성공에 대한 태도를 매일 꾸준하게 키우고 있기 때문이다. *하지만 나는 우리나라의 모든 아이들이 먼저 꿈을 찾고, 그 꿈을 이루기 위해 노력하도록 하는 데 헌신하고 싶다.*

지금은 한 반씩 변화를 만들어 가고 있지만, 이 책을 읽은 모든 독자에게 약속한다. 평생을 걸쳐 그 헌신을 실현해 나갈 것을.

이 책을 읽어 주신 전국 각지의 교사분들, 학부모님들, 신규 교사 및 예비 교사님들 감사합니다.

이 책을 쓸 수 있도록 출간 제안을 해 주신 출판사 관계자분들 감사합니다.

이 책을 쓸 동안 지속적으로 친구들과 지인분들 정말 감사합니다.

마지막으로, 태어날 때부터 교사를 하고 있는 지금 이 순간에도 평생을 응원해 준 우리 가족 정말 사랑합니다.